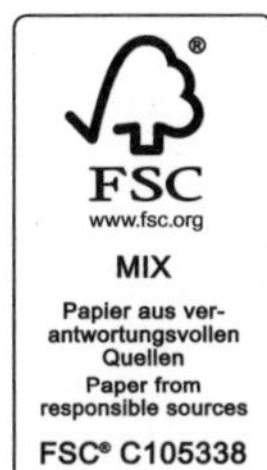

Herstellung und Verlag:
BoD- Books on Demand, Norderstedt
ISBN 978-3-7448-8596-6

9.6.2018

Sylter Strandkorb

Mittags in Hörnum am Strand.
Die Strandkörbe sind leer, die Mägen sind
leer.
An den Fischbuden und an der Crêpes-Bude
herrscht Gedränge.
Eine Stunde später:
Die Mägen sind gefüllt,
die Strandkörbe sind gefüllt.

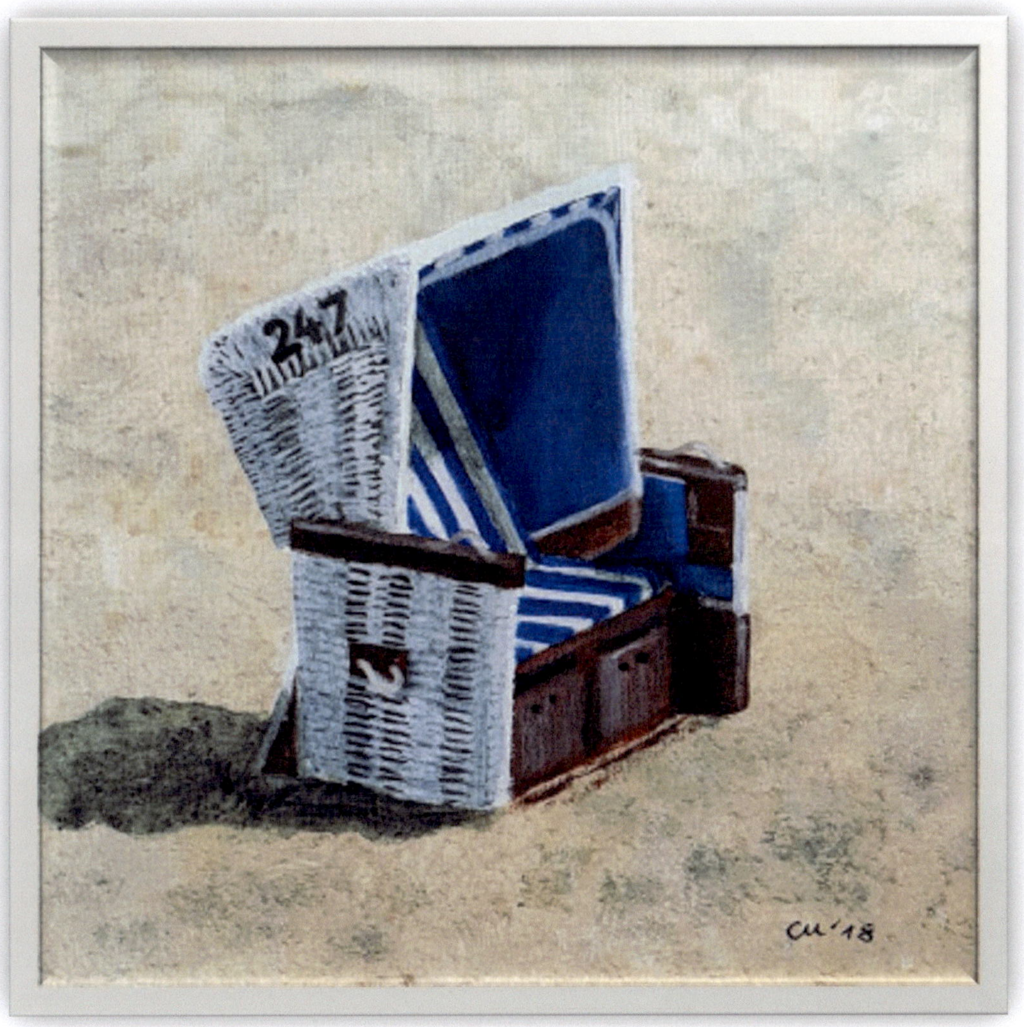

247

Für meinen Bruder Georg,
der meinte,
ich sei reif für die Insel und
mich dann nach Sylt lockte.

44 GRÜNDE, SYLT ZU MALEN

CAROLA MEHRING

Daily Painting

Im Sommer '15 stieß ich auf die Richtung ‚**Daily Painting**' – jeden Tag ein kleines gemaltes Bild! Die Bilder werden sofort im Internet veröffentlicht und oft mit einem humorvollen oder persönlichen Kommentar versehen. So entsteht ein Tagebuch, gefüllt mit Erinnerungsbildern und Momentaufnahmen. Und was lag da näher, als die Bilder thematisch etwas zu ordnen und in Buchform herauszugeben? Vor allem die Bilder von Reisen ergeben ein kleines Reisetagebuch, in dem die schönsten, interessantesten oder vergnüglichsten

Momente eines Tages oder eines Ausflugs gesammelt sind.

Meinen Blog finden Sie unter

carolamehring.blogspot.com

Hier soll auch weiterhin (fast) jeden Tag ein neues Bild eingestellt werden.

Und nun viel Freude beim Betrachten der Bilder von Sylt, dem Strand, der Leuchttürme, der Deichschafe ....und von Willi und seinen Freunden!

Carola Mehring

31.1.2018

Ruby auf dem Weg nach Sylt

Offensichtlich findet der kleine Dackel die Fahrt mit dem Shuttle ungemein spannend. Was seine Familie ihm nicht alles bietet!!!!!

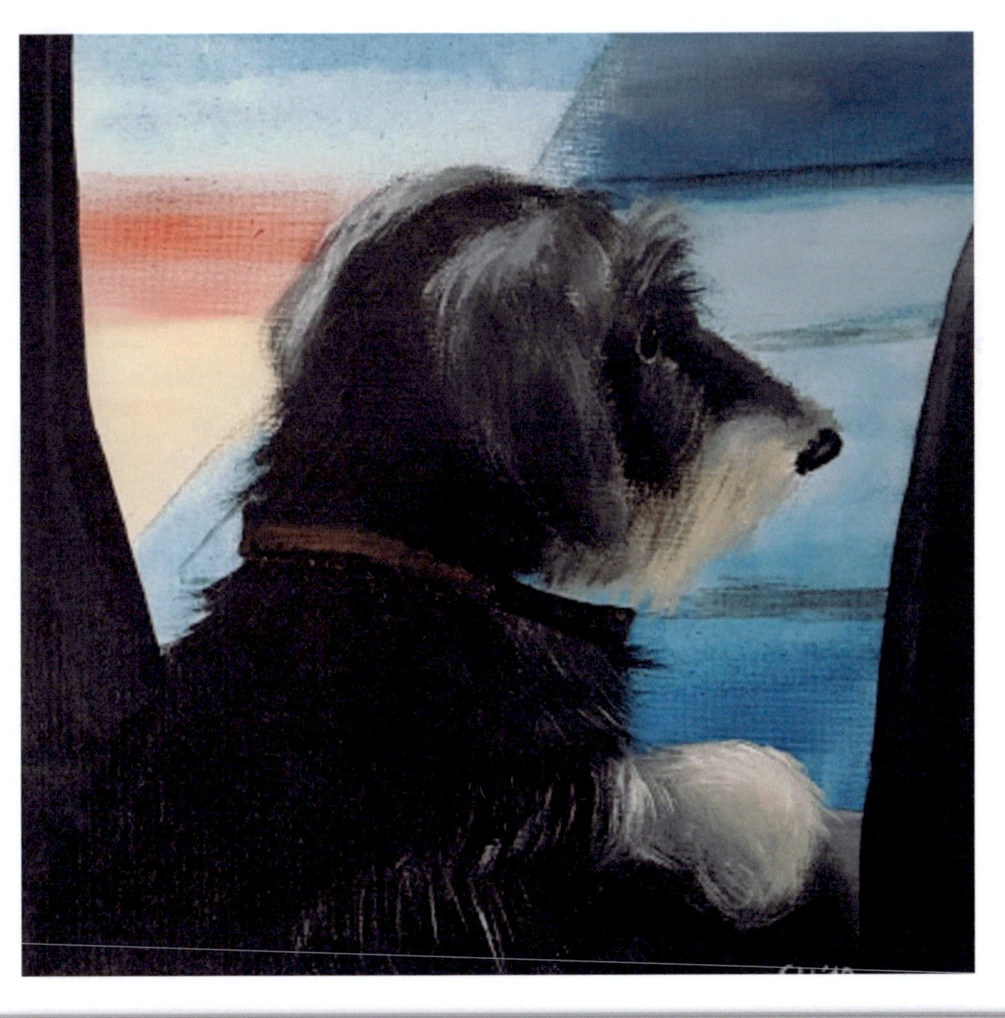

ELLEN-
BOGEN

15.5.2018

Das Westfeuer auf dem Ellenbogen

Der Ellenbogen ist die Landzunge im Norden
von Sylt.
Nur eine Mautstraße führt durch diese
Dünenlandschaft.
Faszinierend.

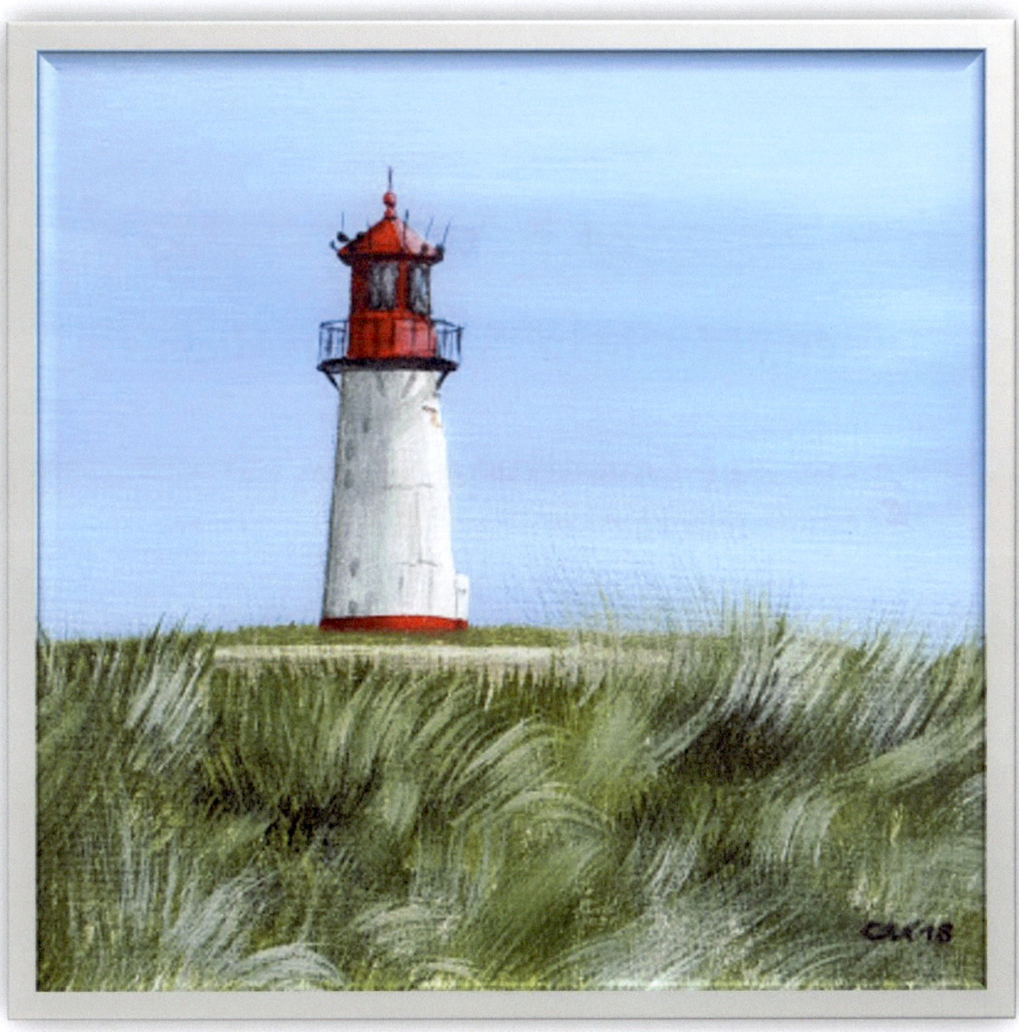

24.7.2018

Dünen, Leuchtturm, blauer Himmel

Dünen und der Leuchtturm List West auf dem
Ellenbogen auf Sylt…

dem Tipp einer Freundin folgend morgens zu
genießen.
Sie hatte recht, es war wunderschön.
Gut, dass wir ihrem Rat gefolgt sind.

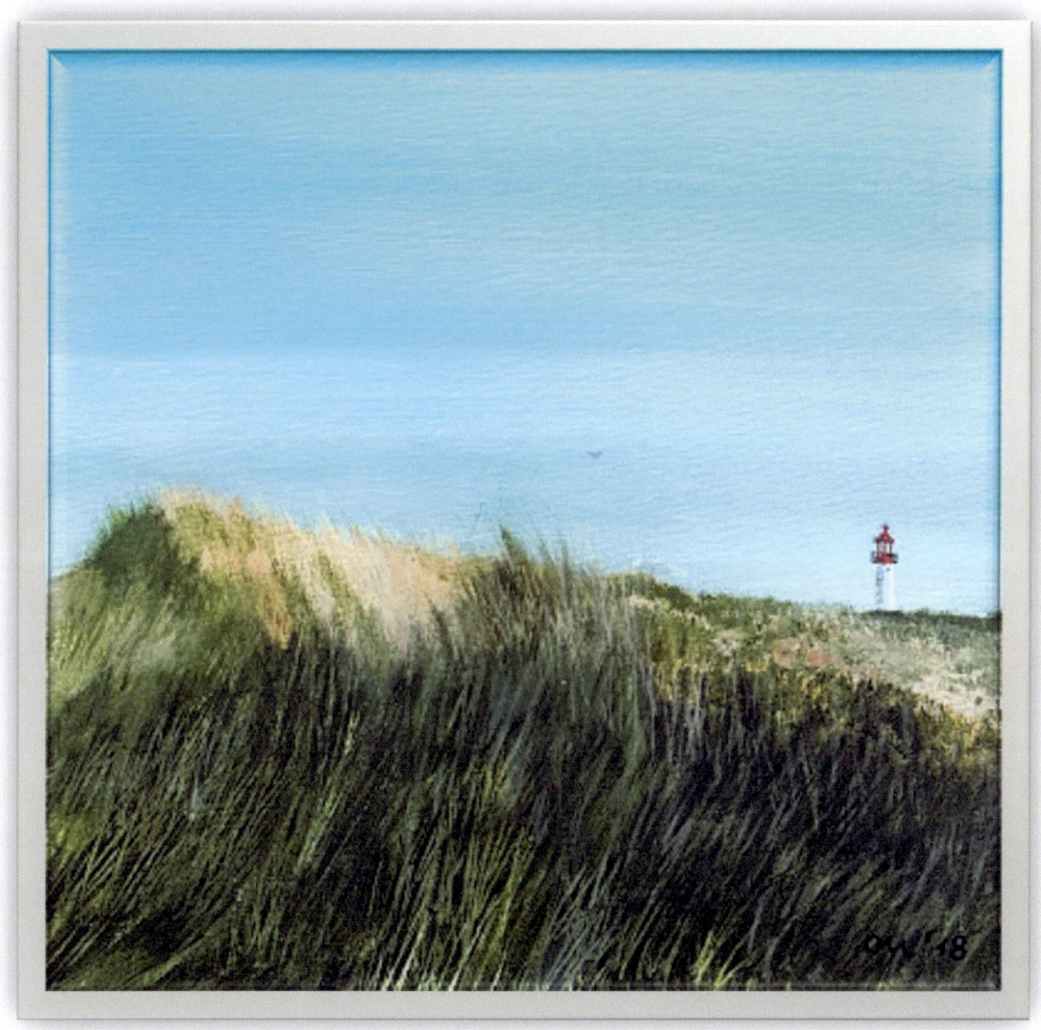

oW '18

23.5.2018

Am Strand

Am Ellenbogen war der Strand teilweise menschenleer.
Baden ist hier verboten, es ist einfach zu gefährlich.
Aber wer wollte bei den Wassertemperaturen baden?

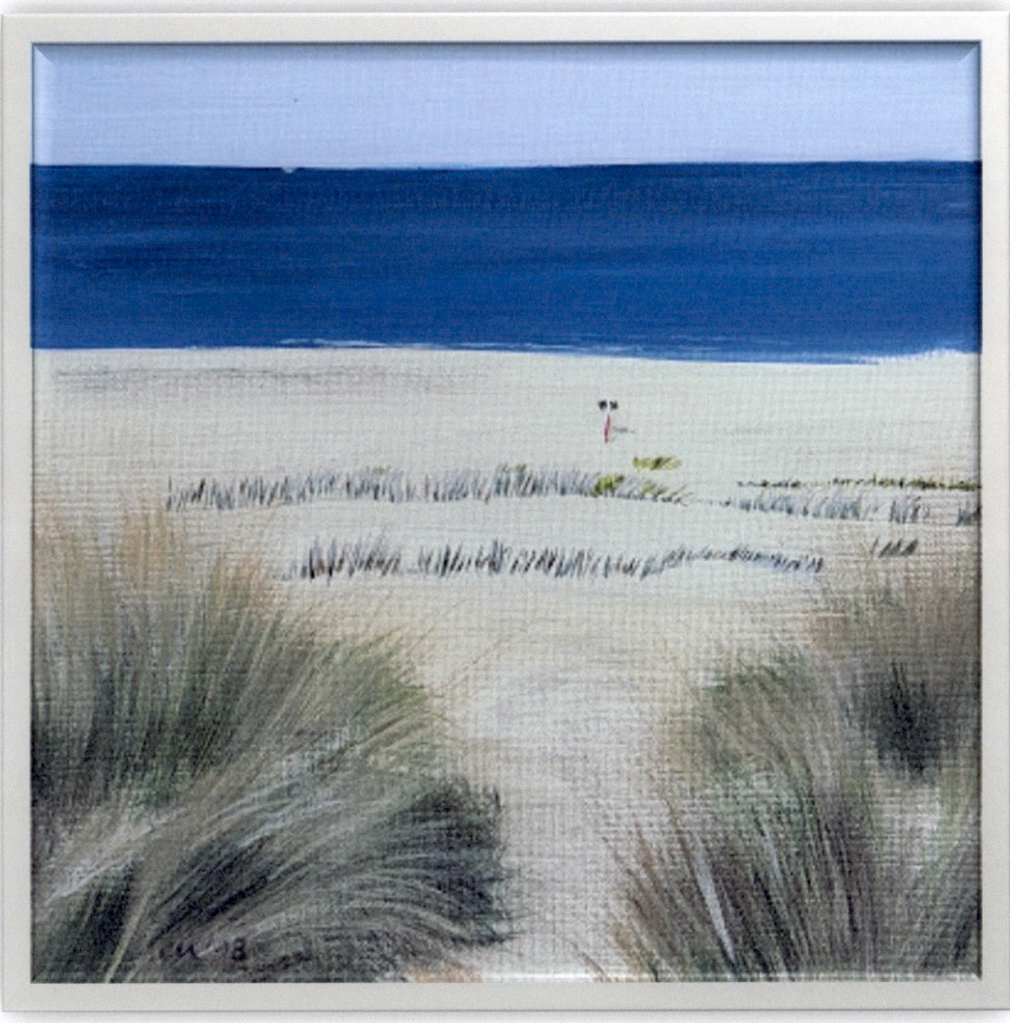

3.6.2018

Deichschaf auf dem Ellenbogen 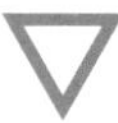

Auf der Mautstraße auf dem Ellenbogen hatten Schafe

Vorfahrt

▽

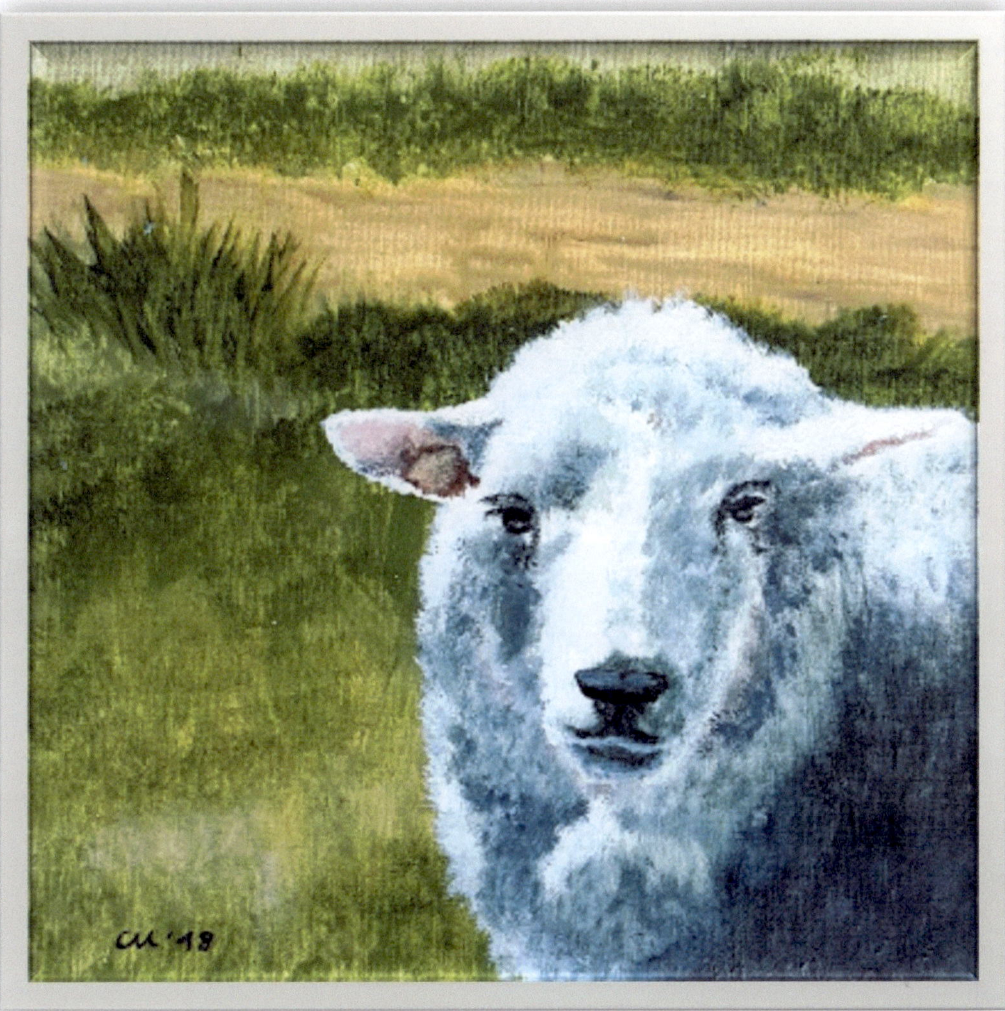

21.5.2018

Pfingstlämmchen

Es ging mit Mama und Geschwisterchen
auf der Mautstraße auf dem 'Ellenbogen'
spazieren.

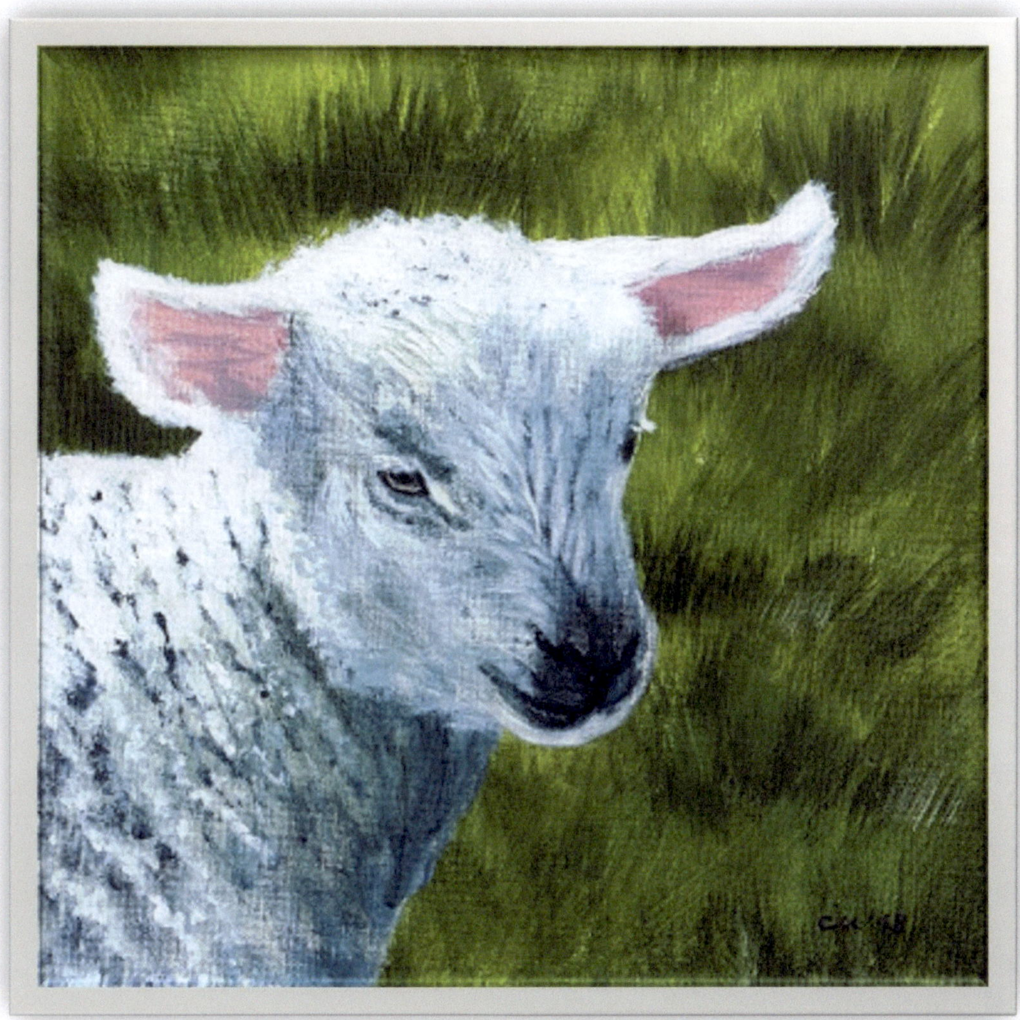

14.7.2018

Zwillinge

Noch waren sie unzertrennlich, sie fraßen zusammen, sie spielten zusammen, sie liefen zusammen zum Mutterschaf....

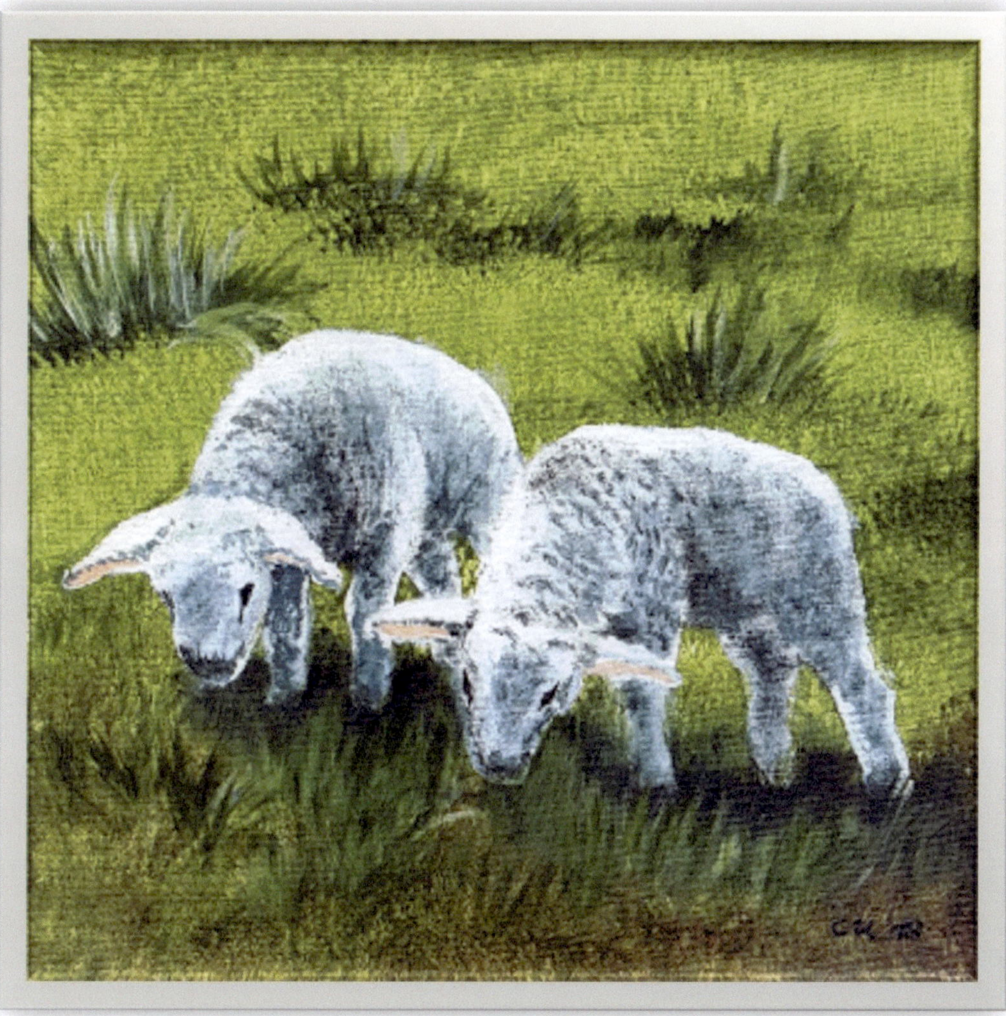

17.7.2018

Artig und brav

Und dann liefen sie schön zu zweit
nebeneinander hinter der Schafsmama her.
So wünscht man es sich......

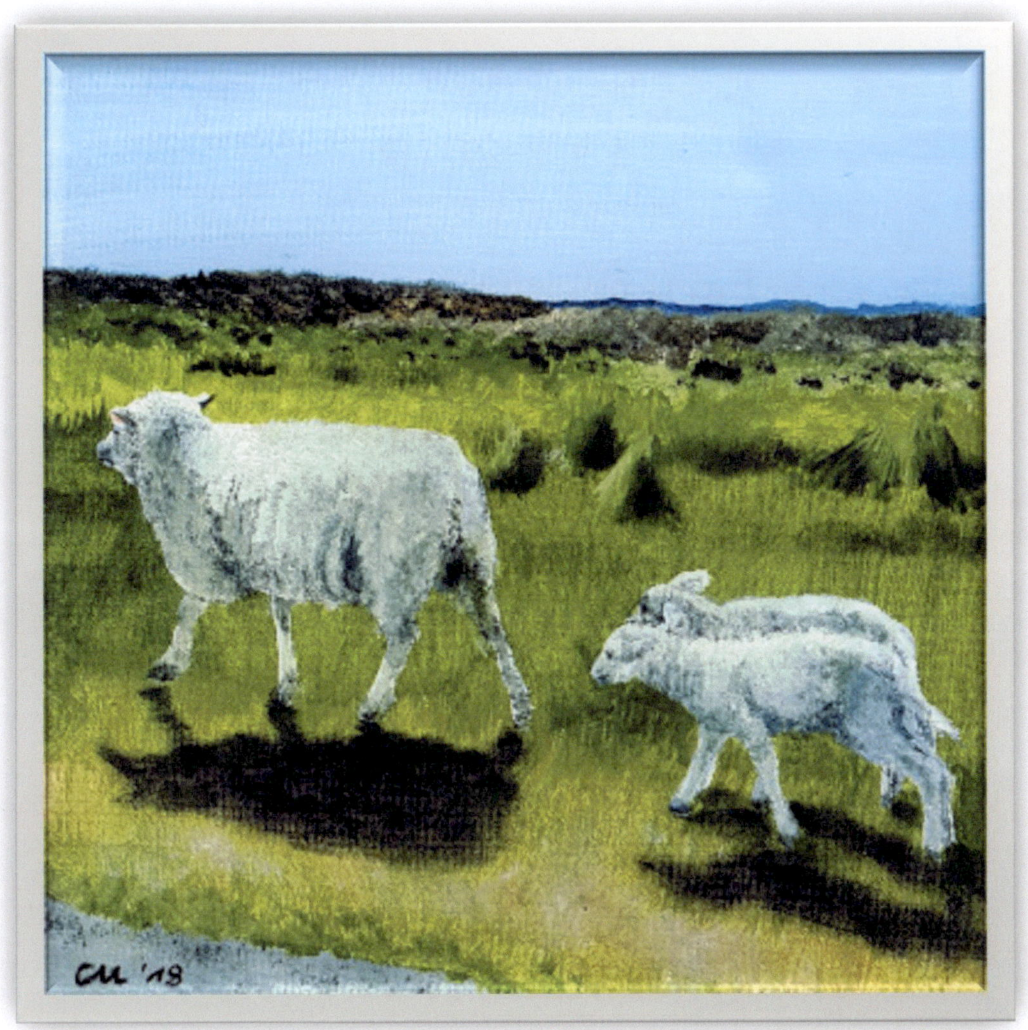

13.7.2018

Ferienbeginn in NRW

Auf!
Erobert die Strände Europas!
Dieser hier ist auf Sylt am Ellenbogen zu
finden.

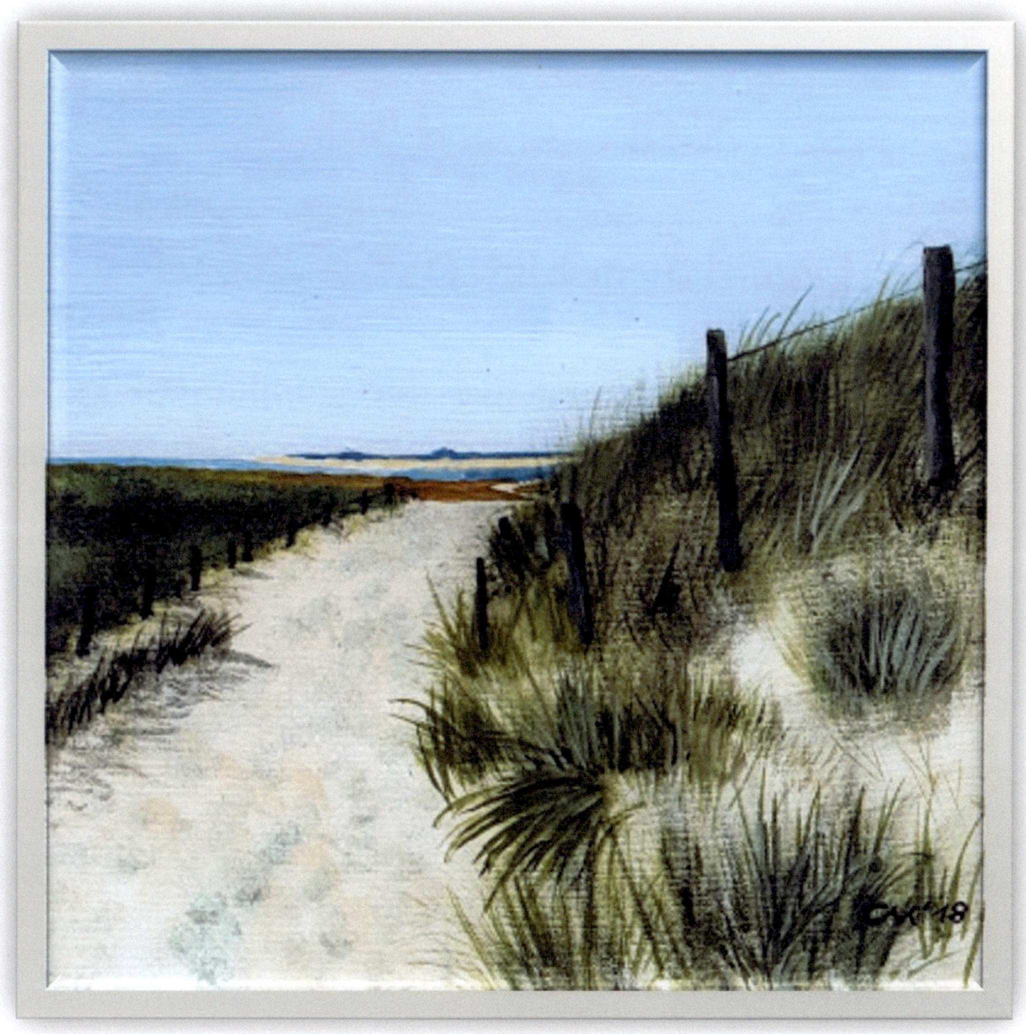

9.7.2018

Leuchtturm List Ost

Der Leuchtturm ist der Zwillingsbruder
von Leuchtturm List West, beide stehen
auf dem 'Ellenbogen' auf Sylt.
Er wurde 1857 erbaut, besteht aus
Gusseisen und ist etwas größer als sein
Bruder (15.5.2018 Das Westfeuer auf
dem Ellenbogen) :
13,6 m.
Das ist der Beweis, dass die Leuchttürme
zweieiige Zwillinge sind.....

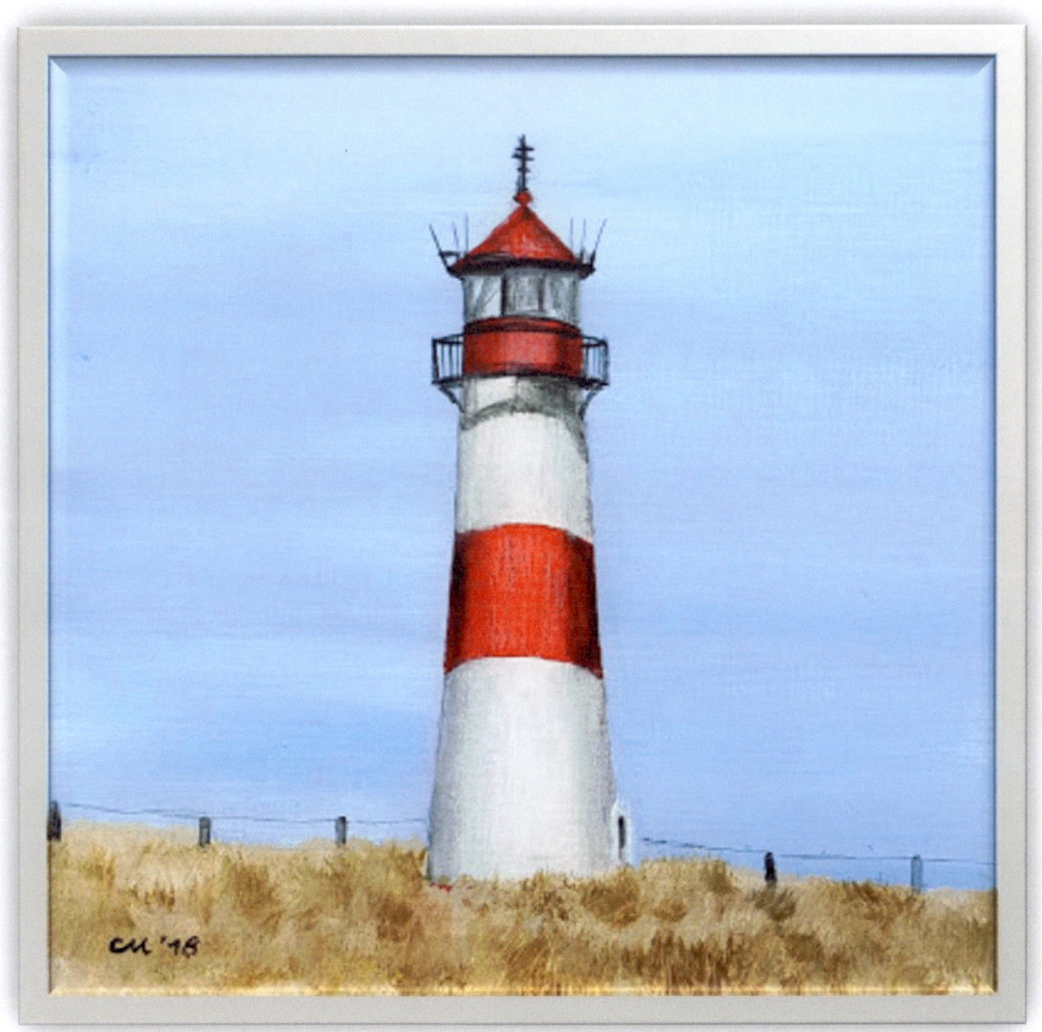

KEITUM

16.6.2018/9.6.2018

Häuser hinterm Deich

Hinterm Deich von Keitum stehen einige
Schmuckstücke…
Gerne würde ich mal durch die Häuser und
durch die Gärten geführt werden.…
Vor allem das Haus, das über den Deich
schlinzt, scheint doch darauf zu warten,
entdeckt zu werden…

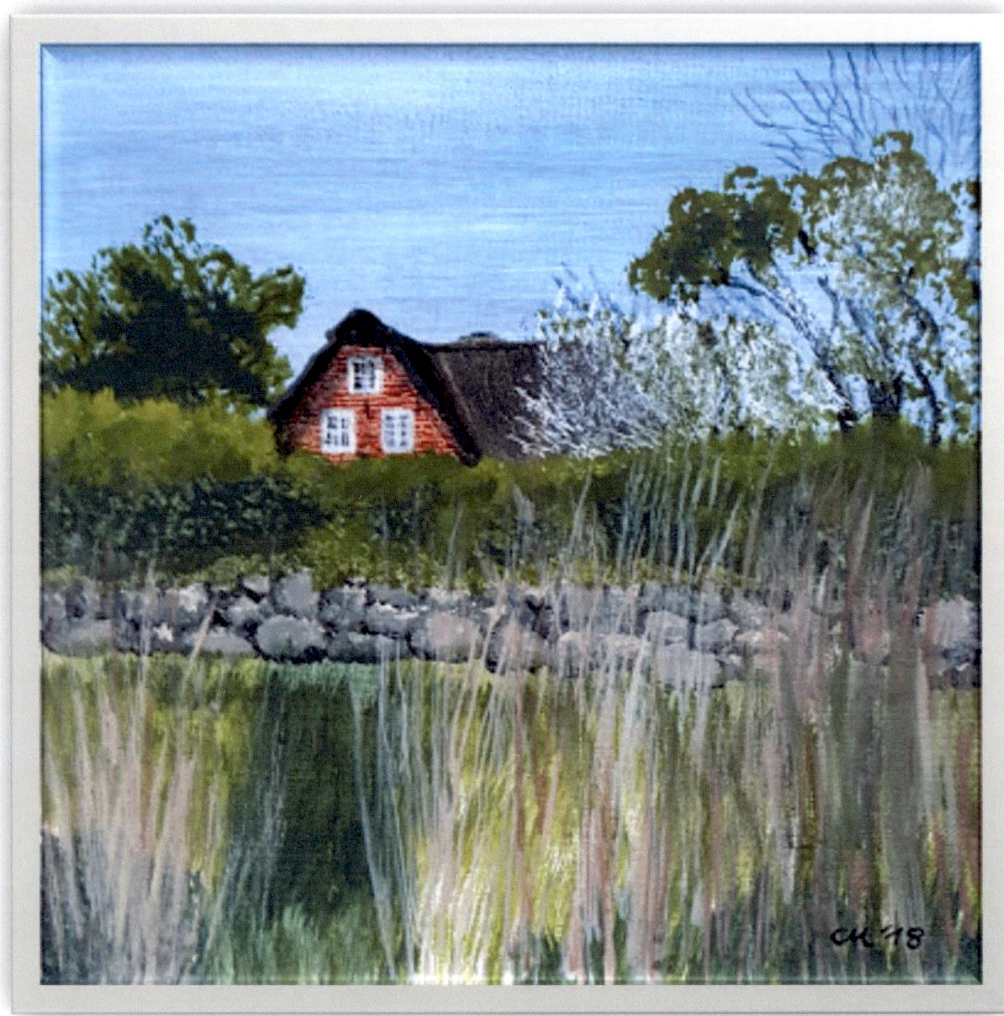

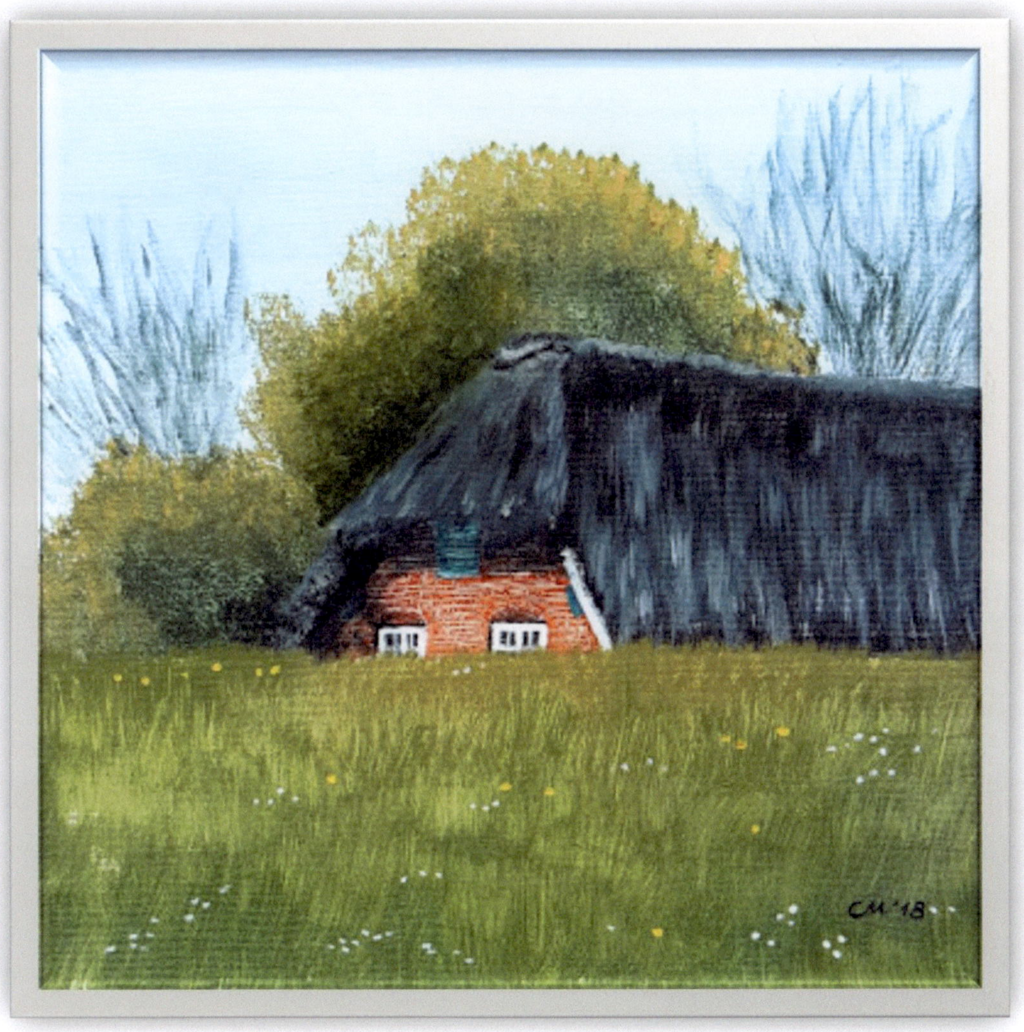

CM '18

16.9.2018

Friesisches Haus in Keitum

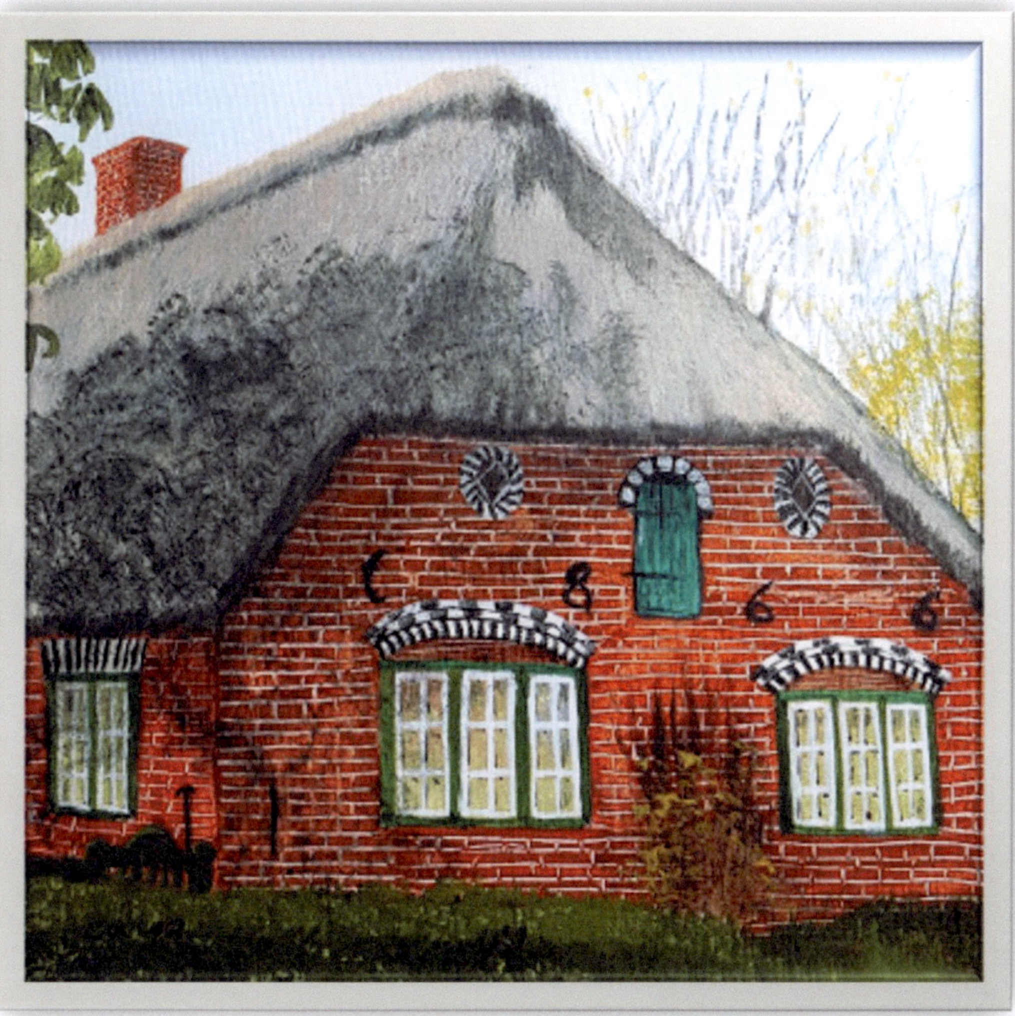

11.9.2018

Friesentür   II

Gesehen in Keitum, doch ich habe so viele
Türen fotografiert......

ist sie am Kapitänshaus zu finden?

Im nächsten Urlaub werde ich
nachforschen.....

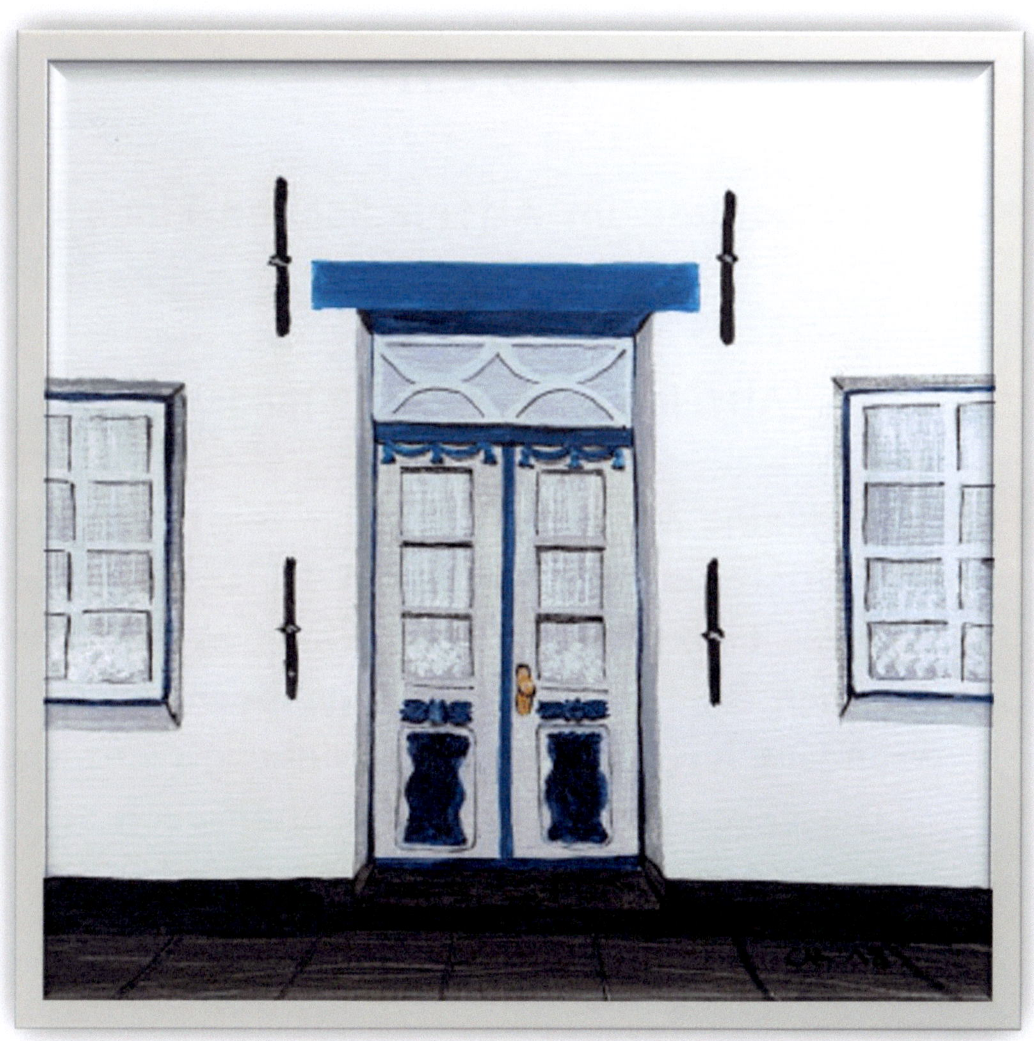

2.6.2018

Holzschuhe im Altfriesischen Haus in Keitum

Im 'Altfriesischen Haus' standen sie im Flur.....
Das kleine Museum in Keitum zeigt, wie ein gutsituierter Kapitän um 1825 lebte.
Mit den Holzschuhen konnte man eben schnell in den Garten oder zum Nachbarn laufen.
Geändert hat sich in der Beziehung nicht viel: Die Crocs oder Flipflops stehen auch so, dass sie schnell 'fußbereit' sind....

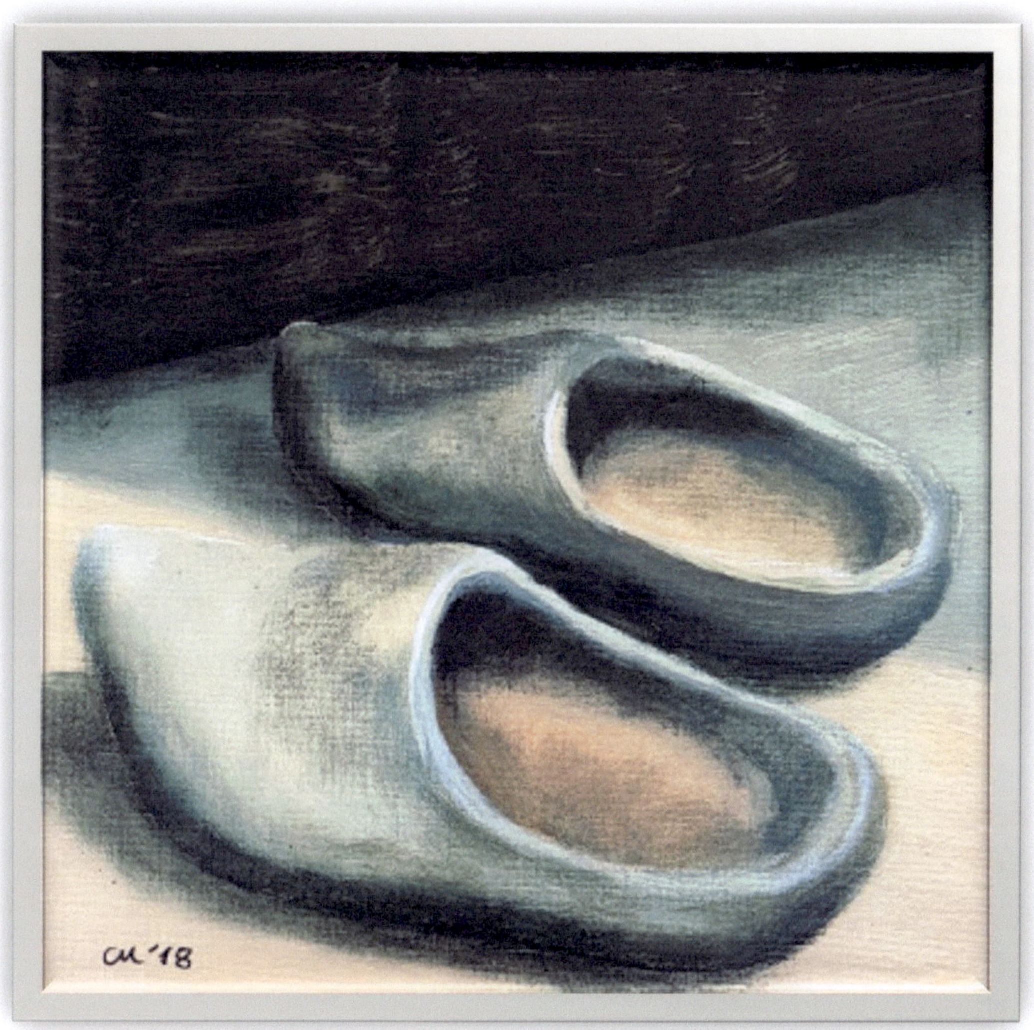

cm '18

18.7.2018

Zeit für Friesentee

In der Feuerstelle im Kapitänshaus in Keitum
hing dieser Wasserkessel.
Sofort dachte man an die Vorbereitungen für
eine gemütliche Teestunde in der guten Stube
der Kapitänsfamilie.

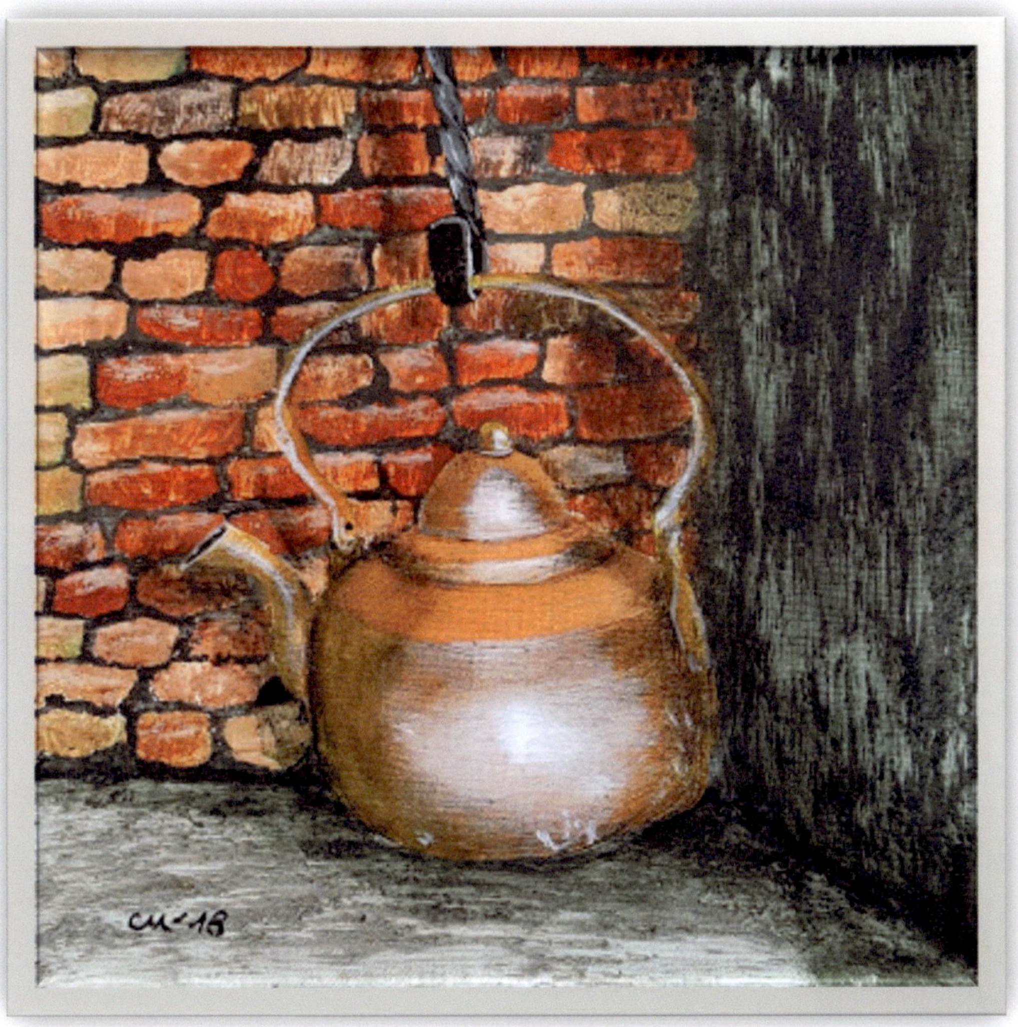

15.9.2018

Das Spekulier-Eisen

Die alte Brille lag im Altfriesischen Haus auf den ‚Sprüchen Salomons‘, einer Ausgabe von (wahrscheinlich) 1719.
Man glaubt, der Leser sei von seiner erbaulichen Lektüre eben weggerufen worden, er komme aber gleich wieder, um sich weiter in die Weisheiten der Alten zu vertiefen.
Wie wird auch er dankbar gewesen sein, dass es diese Sehhilfen gegeben hat!

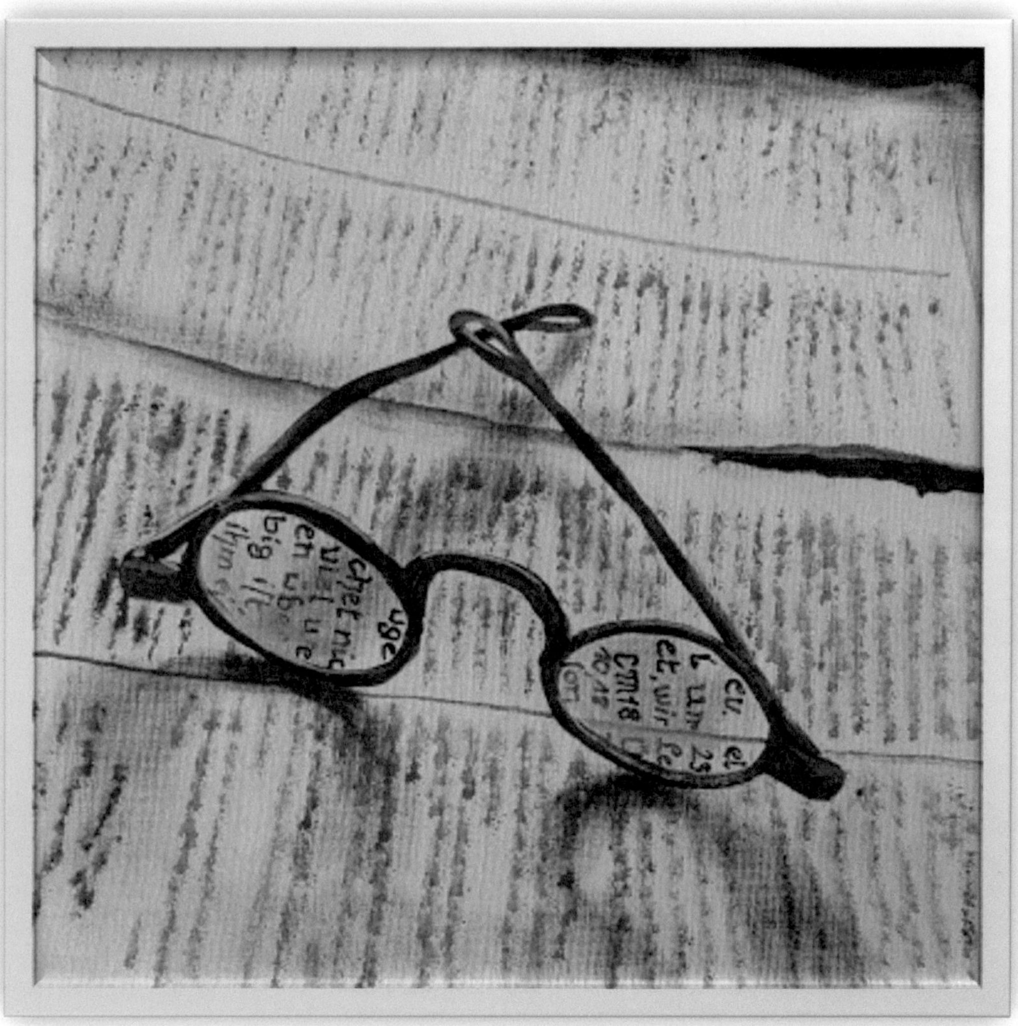

11.7.2018/13.9.2018/6.9.2018

St. Severin in Keitum

Die Kirche ist sicherlich 800 Jahre alt,
leider konnten wir sie nicht von Innen
besichtigen, sie wurde noch renoviert.
Der Taufstein soll aus Bentheimer
Sandstein sein!

Von der Kirche St.Severin aus
gelangt man sofort ans Wattenmeer

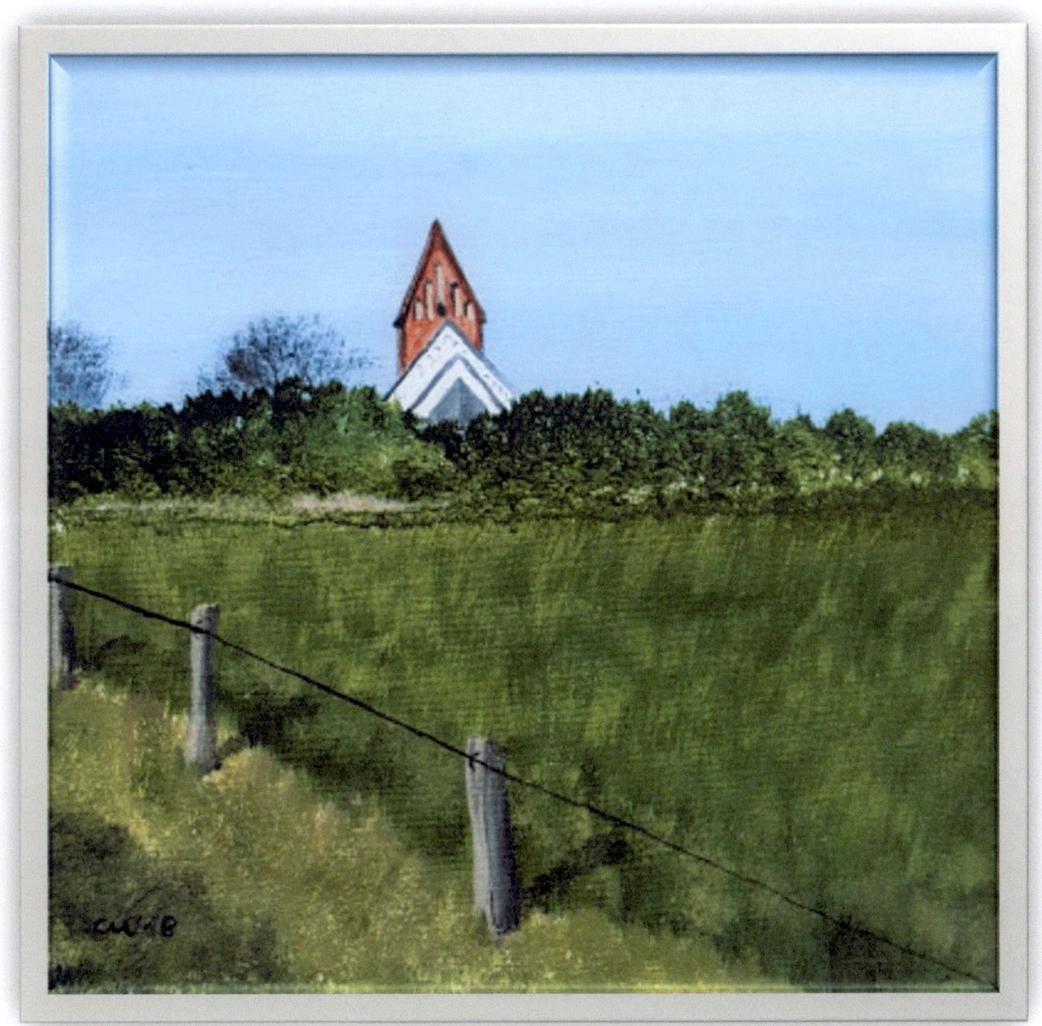

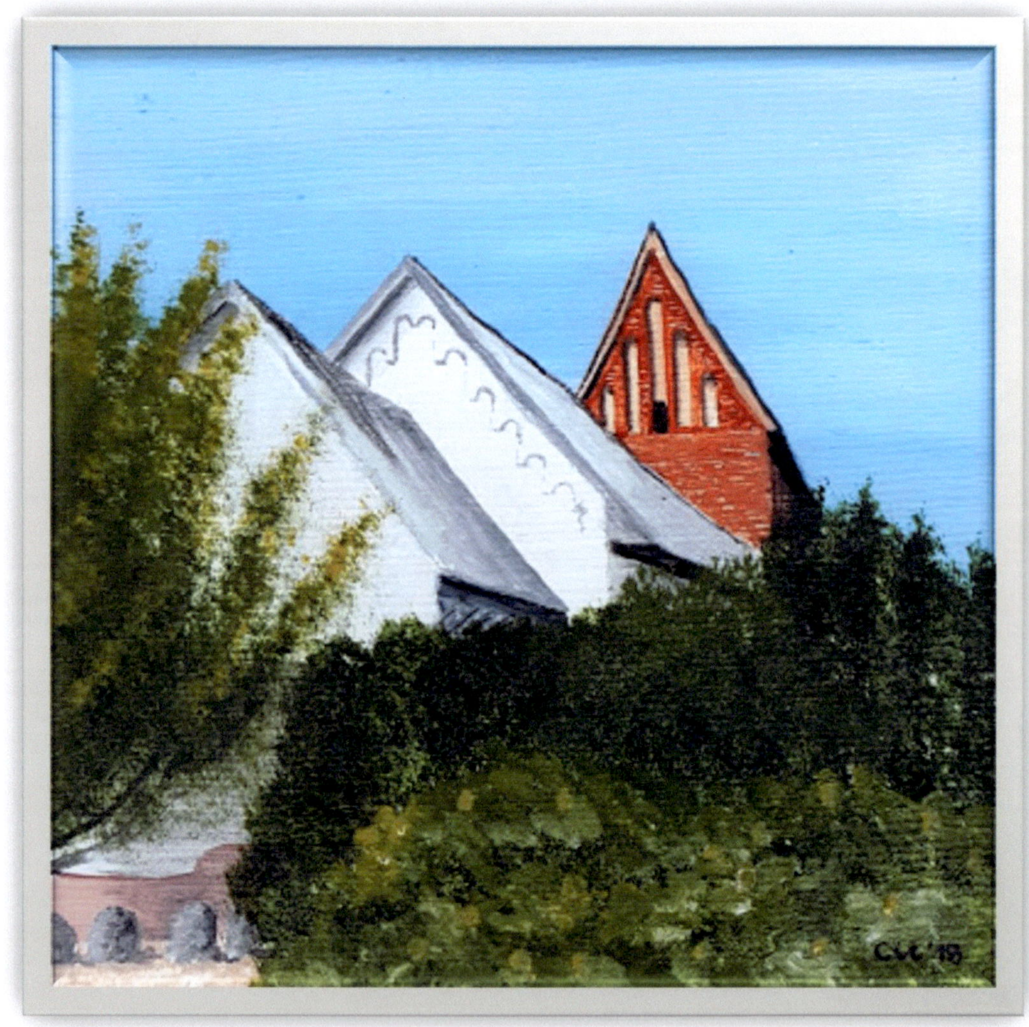

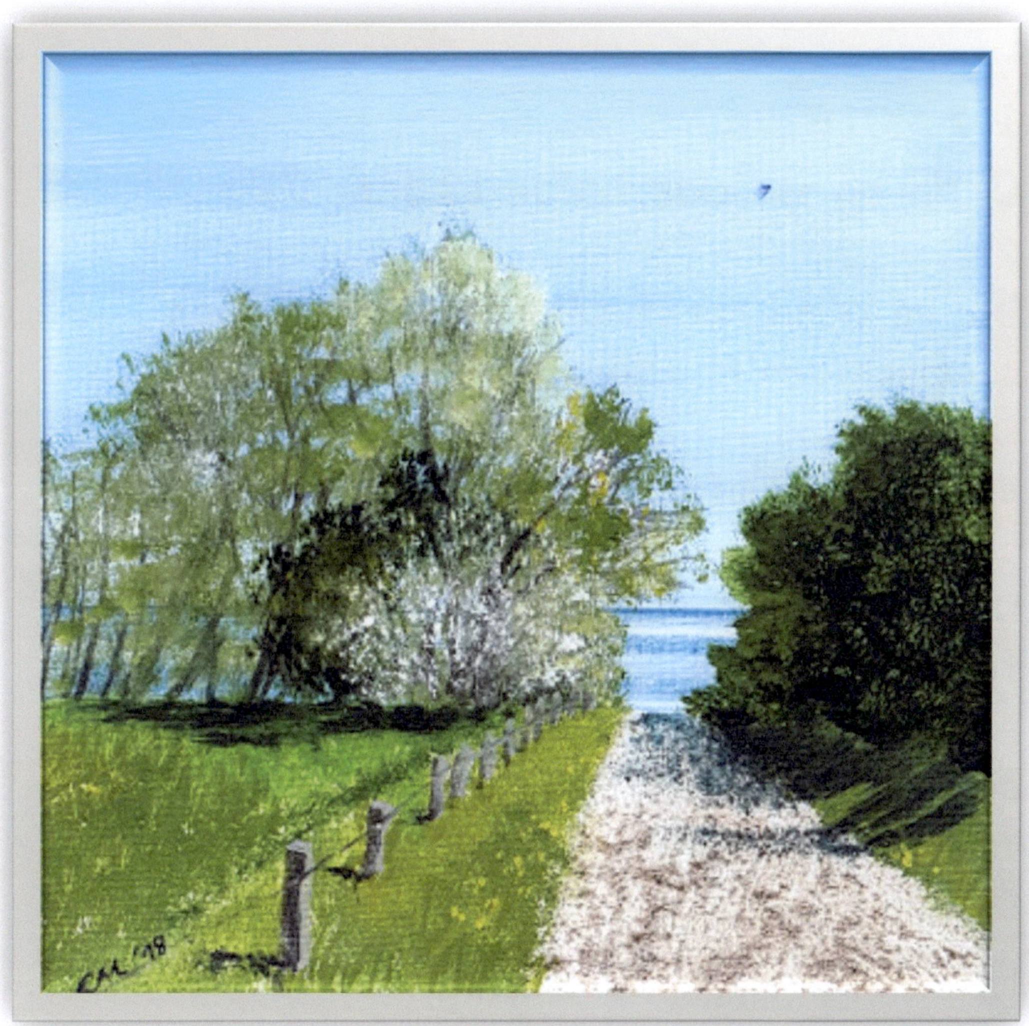

1.7.2018
Ordnung ist das halbe Leben II

Die im Wind herumkullernden Gießkannen
scheinen den Friedhofsverwaltungen in
Deutschland ein Dorn im Auge zu sein,
es gibt aber offensichtlich noch keine
einheitliche Lösung.
Dieses einfachere Modell, Ordnung zu halten,
fanden wir in Keitum. Allerdings scheint das
- zugegebenermaßen - aufwändigere Modell
aus Klieken (9.10.17) das kundenfreundlichere
zu sein.
Denn wie kommt man in Keitum an die
orangene Gießkanne?

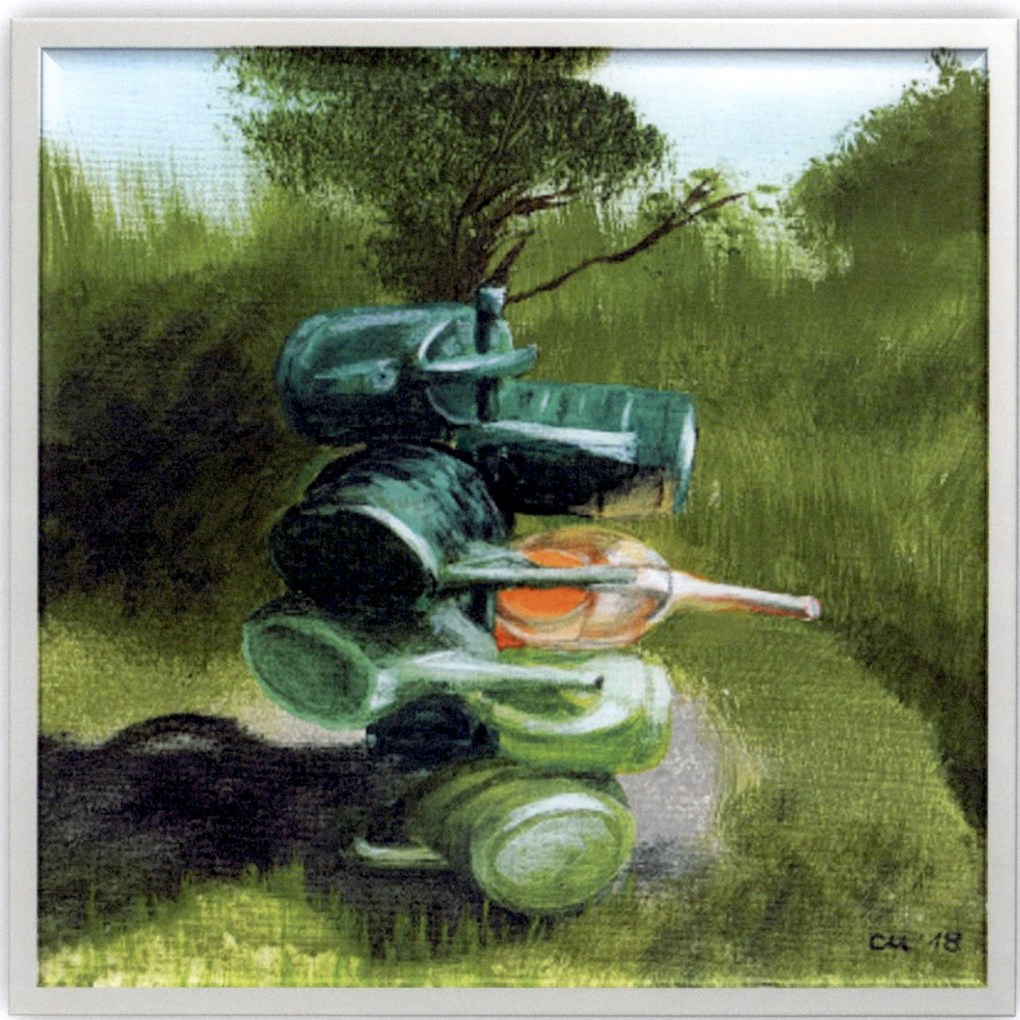

CH '18

10.6.2018

Der alte Emaille-Eimer

Ja, richtig gelesen!
Es ist kein Email-Eimer, sondern ein
Emaille-Eimer!
Er tut immer noch seine Dienste und sorgt
dafür, dass der Hauseingang zu einem
wunderschönen Haus in Keitum auf keinen
Fall ungepflegt aussieht!

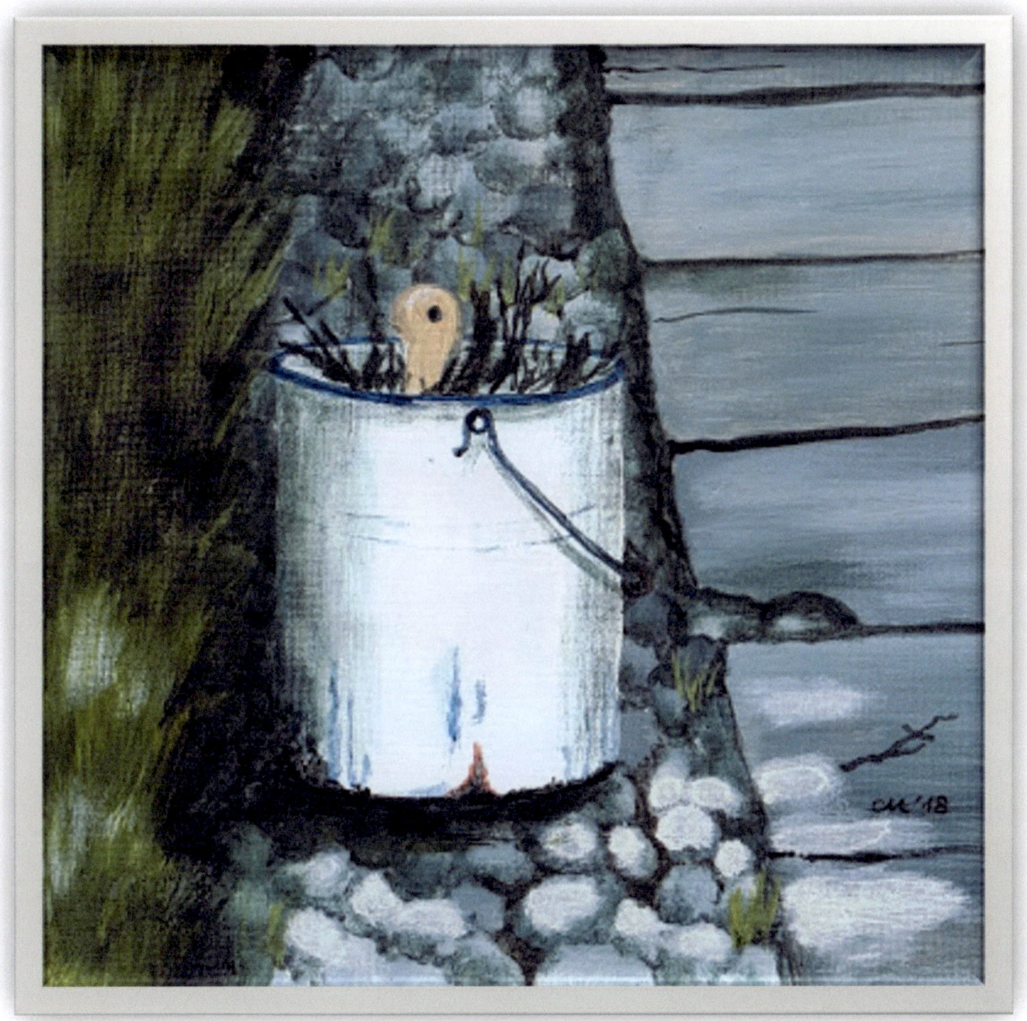

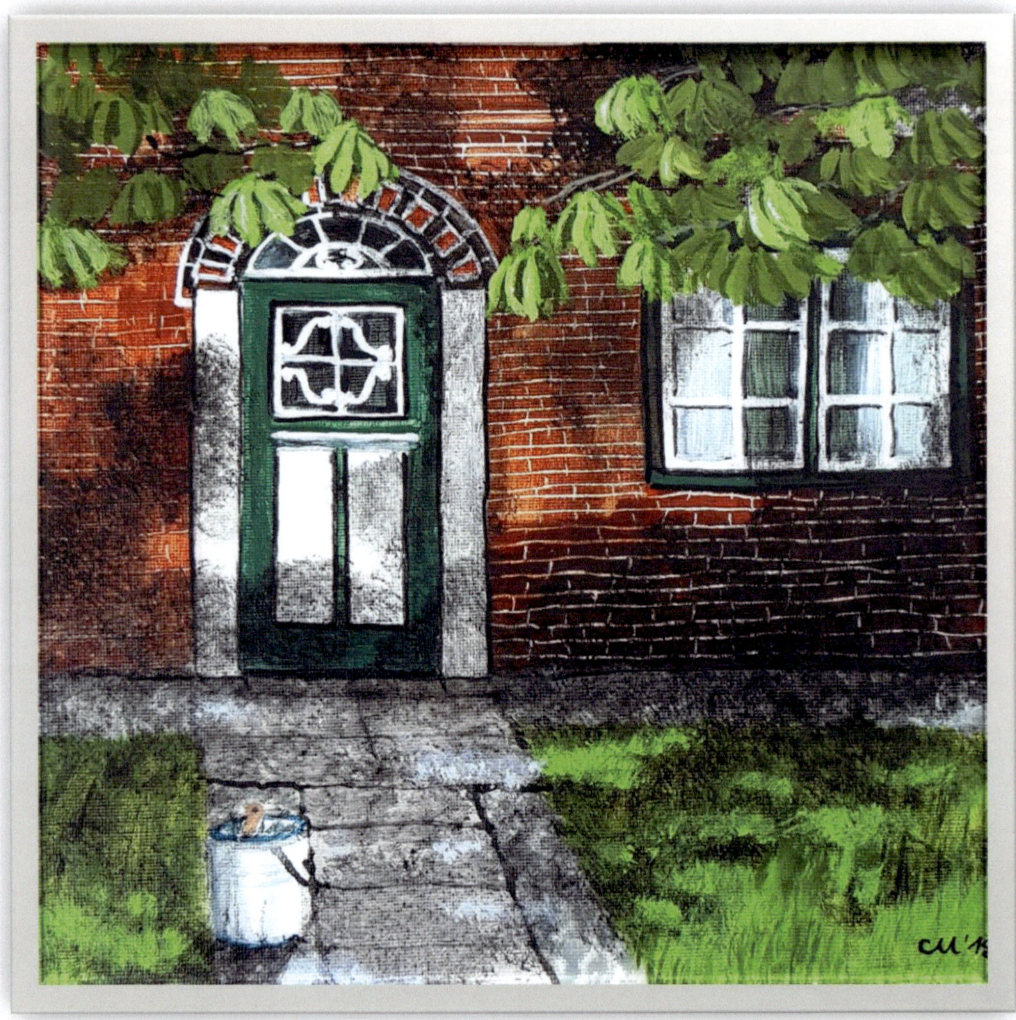

KAMPEN

29.5.2018

Der lange Christian
Kampen
Baujahr 1853
Höhe 40 m
An seinem 160. Geburtstag durften man ihn
besichtigen.
Weil aber immer nur 12 Personen den Leuchtturm
erklimmen durften, musste man eine Besichtigung
am Glücksrad gewinnen.
So wird es auf jeden Fall in den
Sylter Nachrichten berichtet.
Da ich 2018 zum ersten Mal auf Sylt war,
hatte ich also keine Chance…

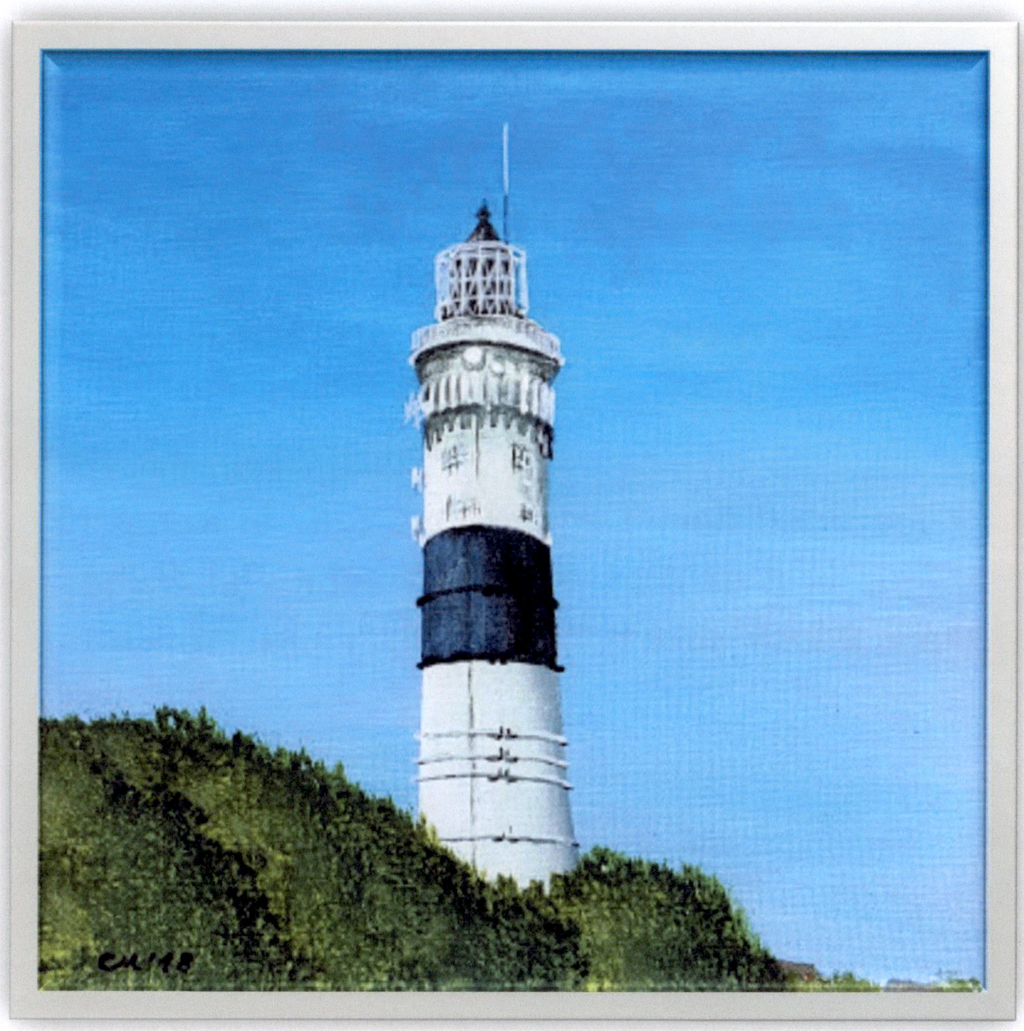

4.7.2018

**Weiß-Schwarz-Weiß oder
Schwarz-Weiß-Schwarz?**

Kühe oder der 'Lange Christian' in Kampen?
Tja, in Sylt gibt man sich sehr viel Mühe,
dass selbst so ein Landschaftsbild stilvoll ist!

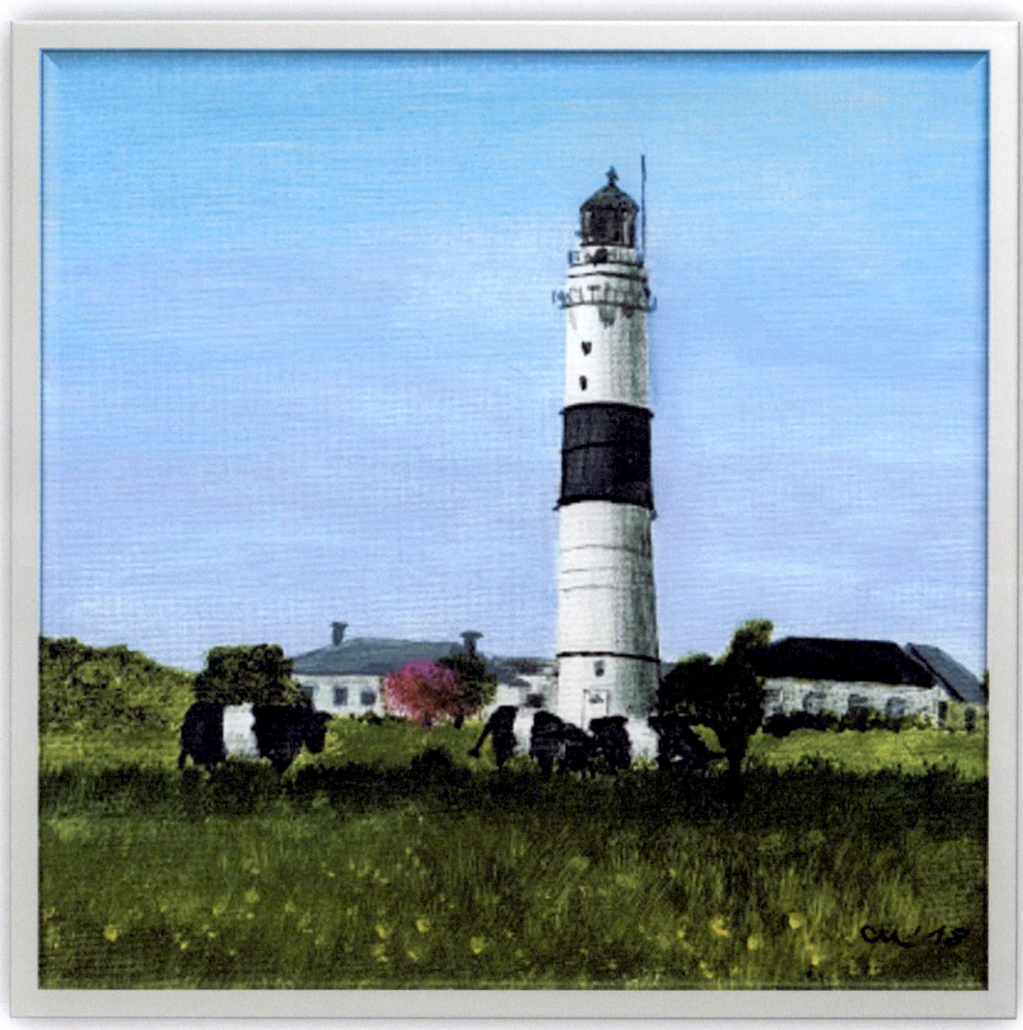

30.7.2018

Blick aufs Wattenmeer

Diese Wiese mit tausenden Löwenzähnen
- direkt am Leuchtturm 'Langer Christian bei
Kampen -
färbte die Wiesen gelb.
Farbenfroher kann eine Insel fast nicht sein!

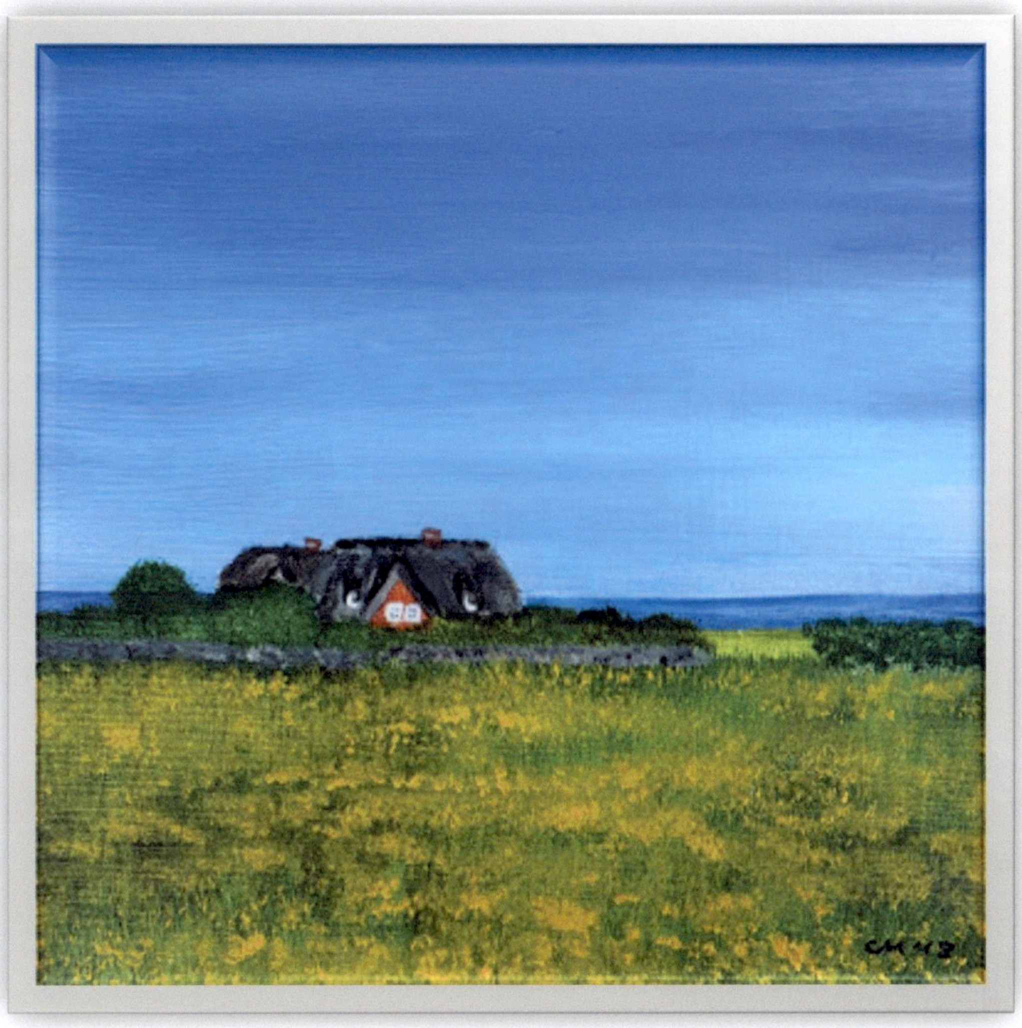

WESTER-LAND

15.6.2018

Dünensteg

Die letzten Strahlen der Sonne erhellten noch
den Dünensteg,
einer der vielen Zugänge zum Strand in
Westerland.
Zum Glück ging der Steg - wenn auch von
diesem Standpunkt aus nicht zu sehen - noch
weiter:
Eine Holztreppe führte direkt in den Sand.

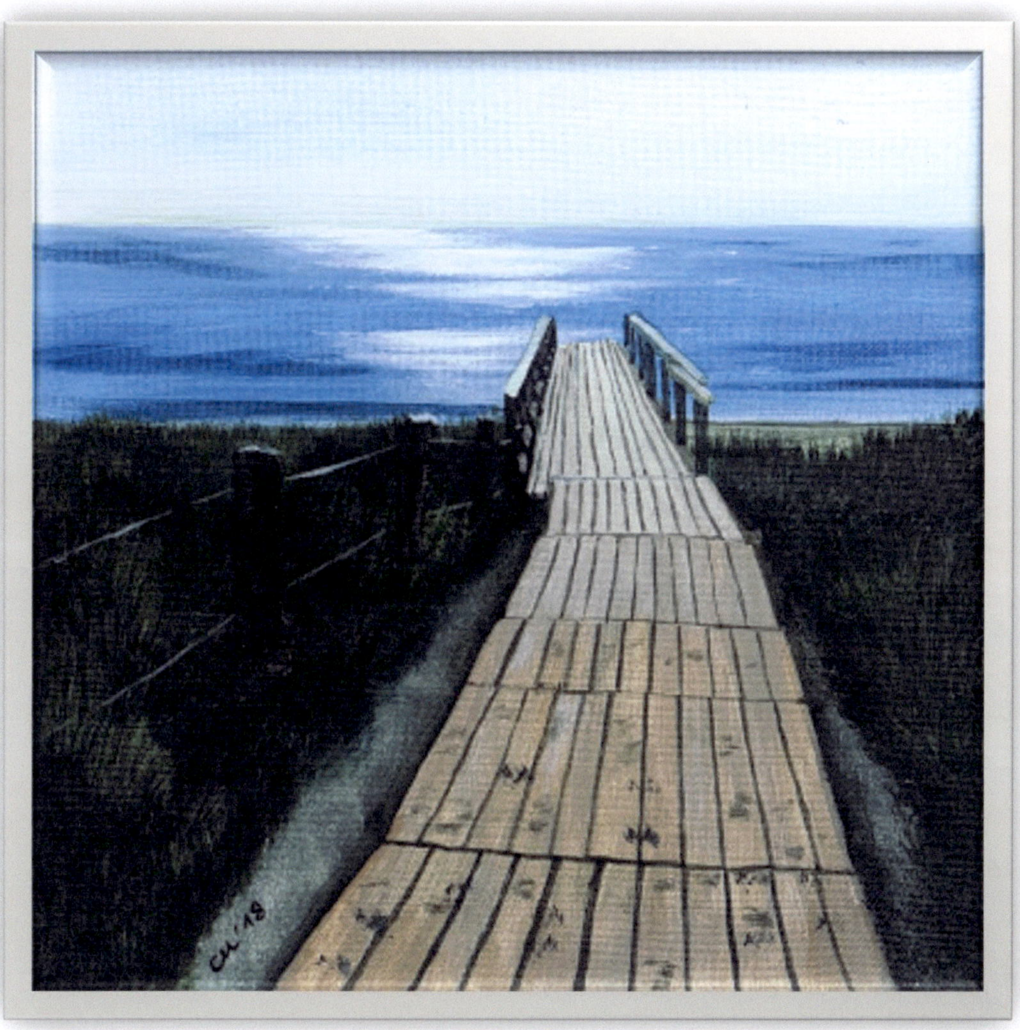

12.6.2018

Hinter den Dünen

Ein Schiff? Kalt.
Ein Kirchenschiff? Warm.
Ein Kirchturm? Heiß!

Der Kirchturm der ev. Stadtkirche St. Nicolai ragt
über die Dünen von Westerland.

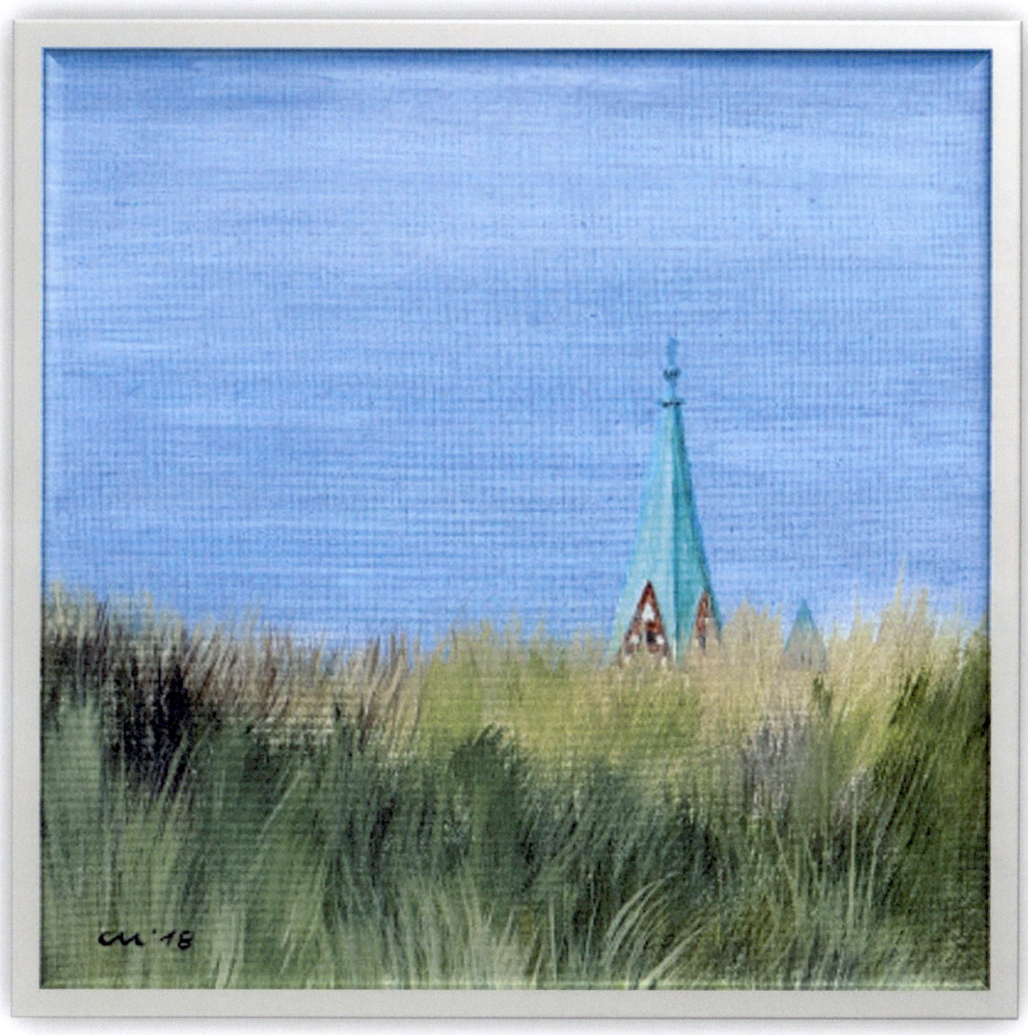

cm '18

31.5.2018/2.8.2018/22.7.2018
Zur Feier des Tage ein Stück Kuchen?
Spanische Schoko-Vanille-Torte (oder so
ähnlich) im Café Mateika verspeist! Köstlich !
Dieses Café ist so, wie ich ein Café liebe:
Ein bisschen Plüsch, ein bisschen rosa
(selbst die Tische), hell und freundlich und
'Das Schokoladenmädchen'
von Jean-Étienne Liotard an der Wand.
Dazu herrliche Torten, an denen man sich
schon satt SEHEN kann. Und dann der
Cappuccino! Die Vorfreude auf den Genuss
steigt..... ☺.....oh, leider schon fast
ausgetrunken...
So lecker!

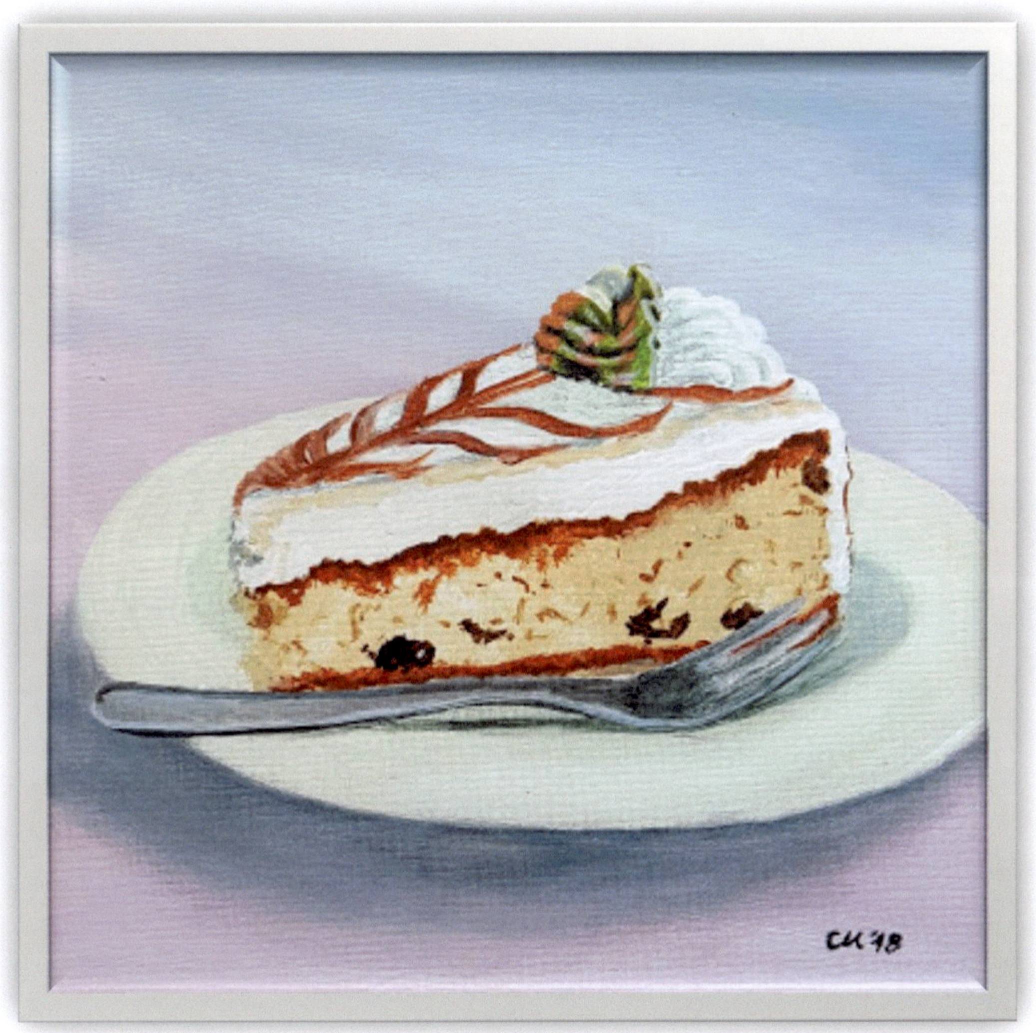

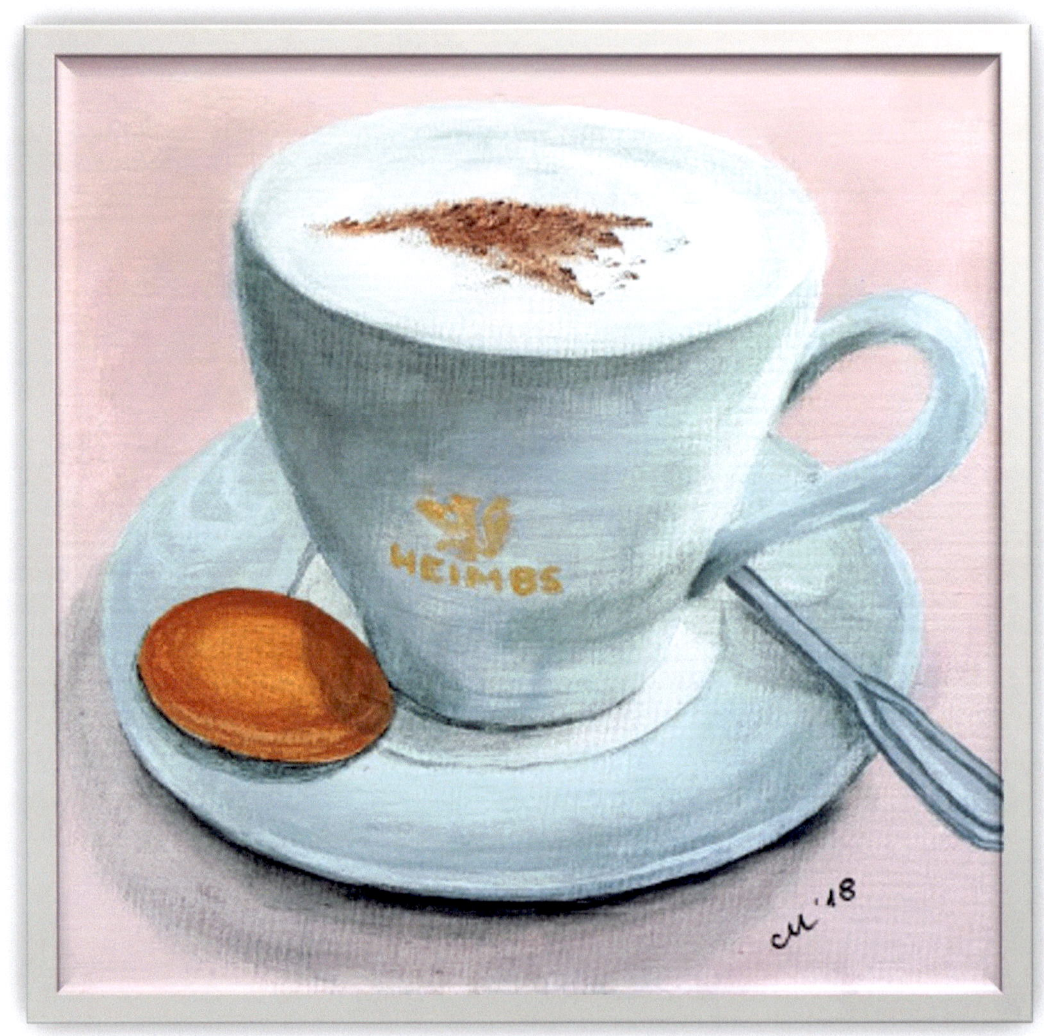

HEIMBS
cM '18

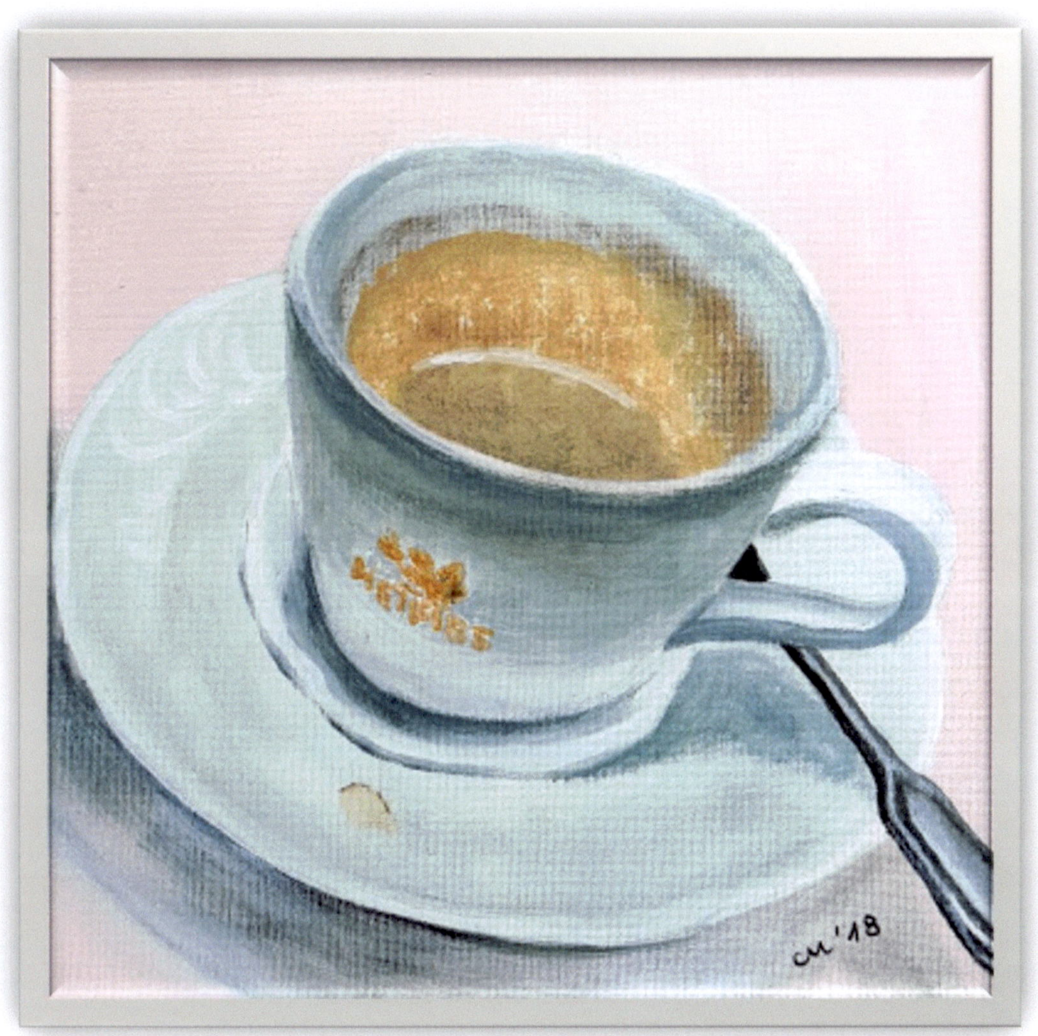

20.7.2018

Gewagt

Ein bisschen gewagt ist ja die farbliche
Zusammenstellung der Tischdekoration
im Café Mateika.
Aber zu dem wunderbaren Café-Ambiente,
zu dem herrlichen Kuchen
und dem leckeren Cappuccino
ist es das Tüpfelchen auf dem i der
Café-Seligkeit.

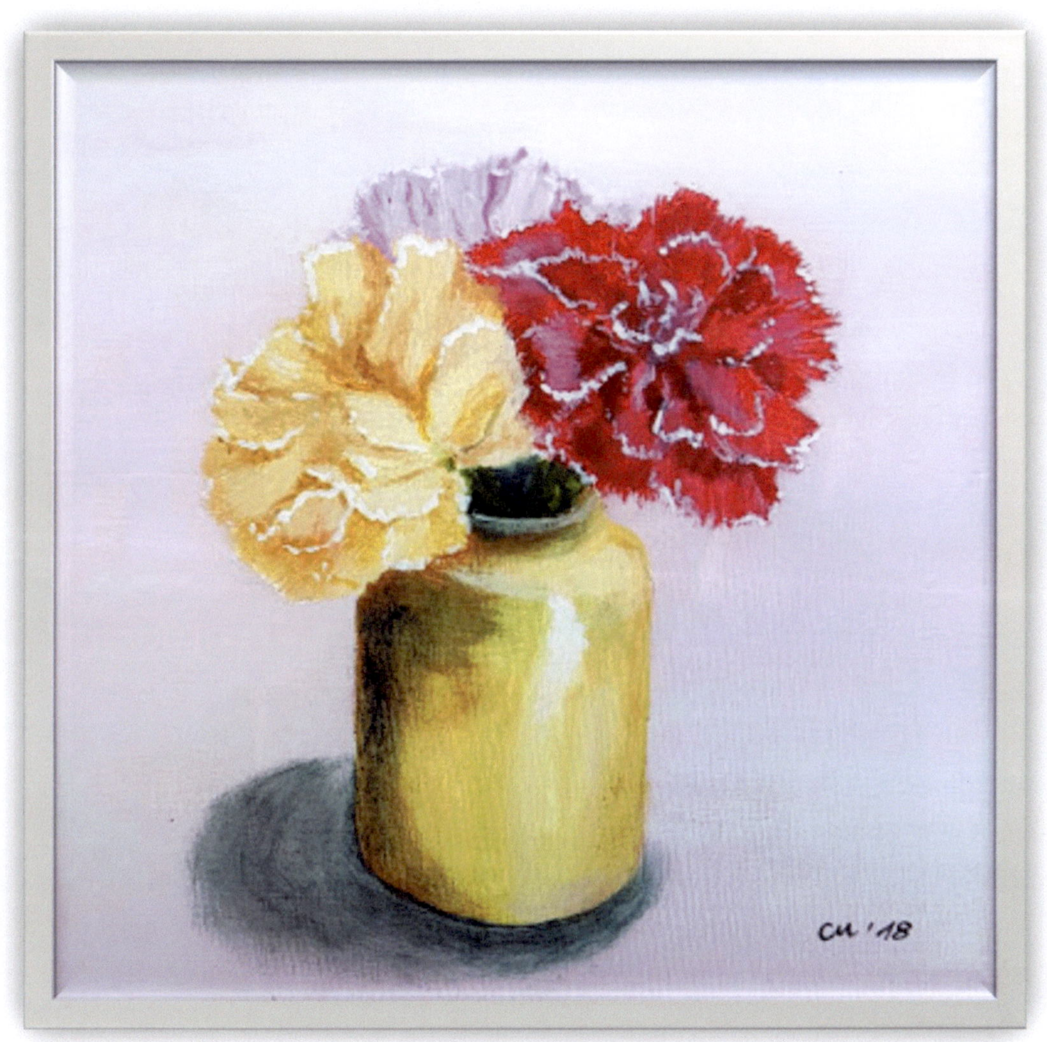

MORSUM

10.9.2018/14.9.2018

Friesentür und Klöntür in Morsum

Diese - mit Initialen **A** und **S** versehene - Tür
und die Klöntür haben wir in Morsum entdeckt.
Eine Klöntür ist eine zweigeteilte Tür,
deren Hälften sich separat öffnen lassen. Die
Tiere konnten so nicht aus dem Wirtschaftstrakt
nach draußen in die Freiheit laufen. Aber noch
einen anderen Vorteil hatte diese Tür: Man konnte
eben ein bisschen klönen, ohne dass man das Haus
verlassen oder den anderen in die Wohnung bitten
musste. Für schnellen Klatsch und Tratsch
sicherlich sehr vorteilhaft.

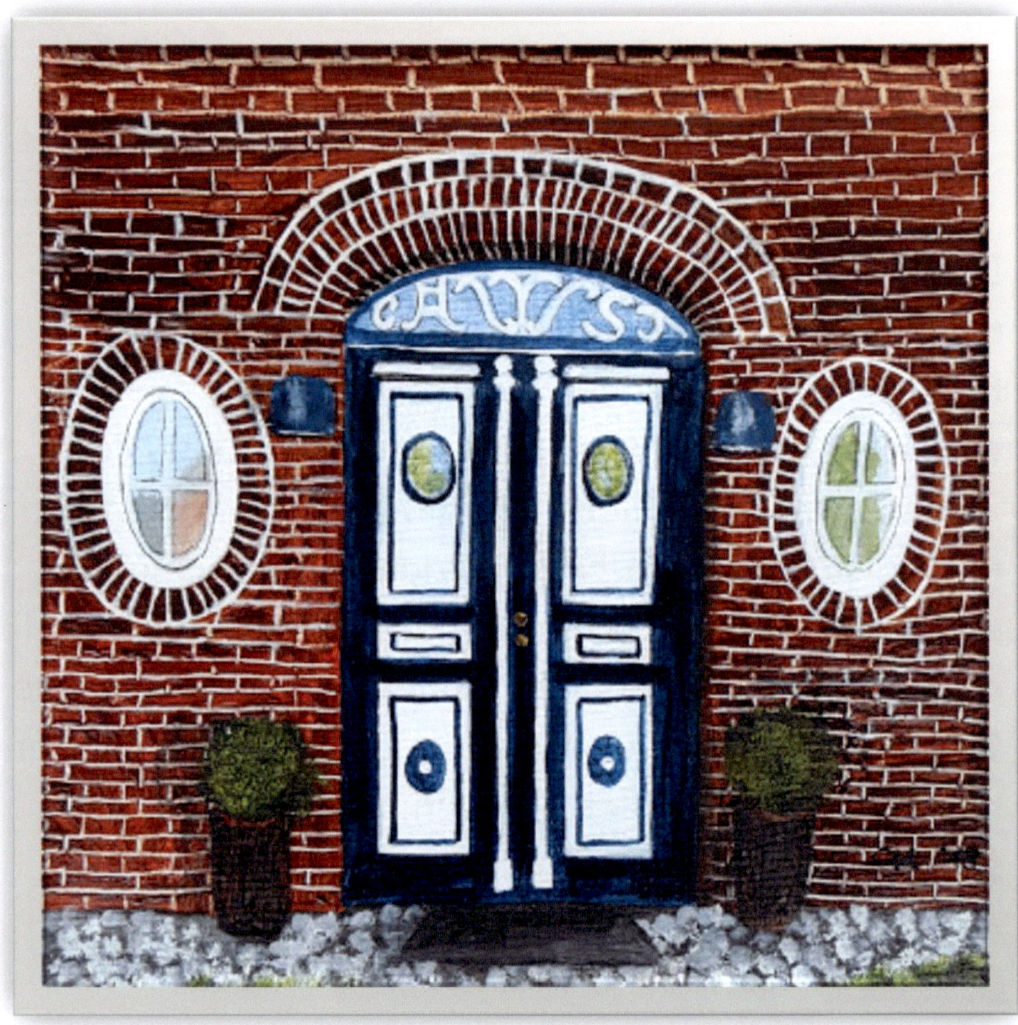

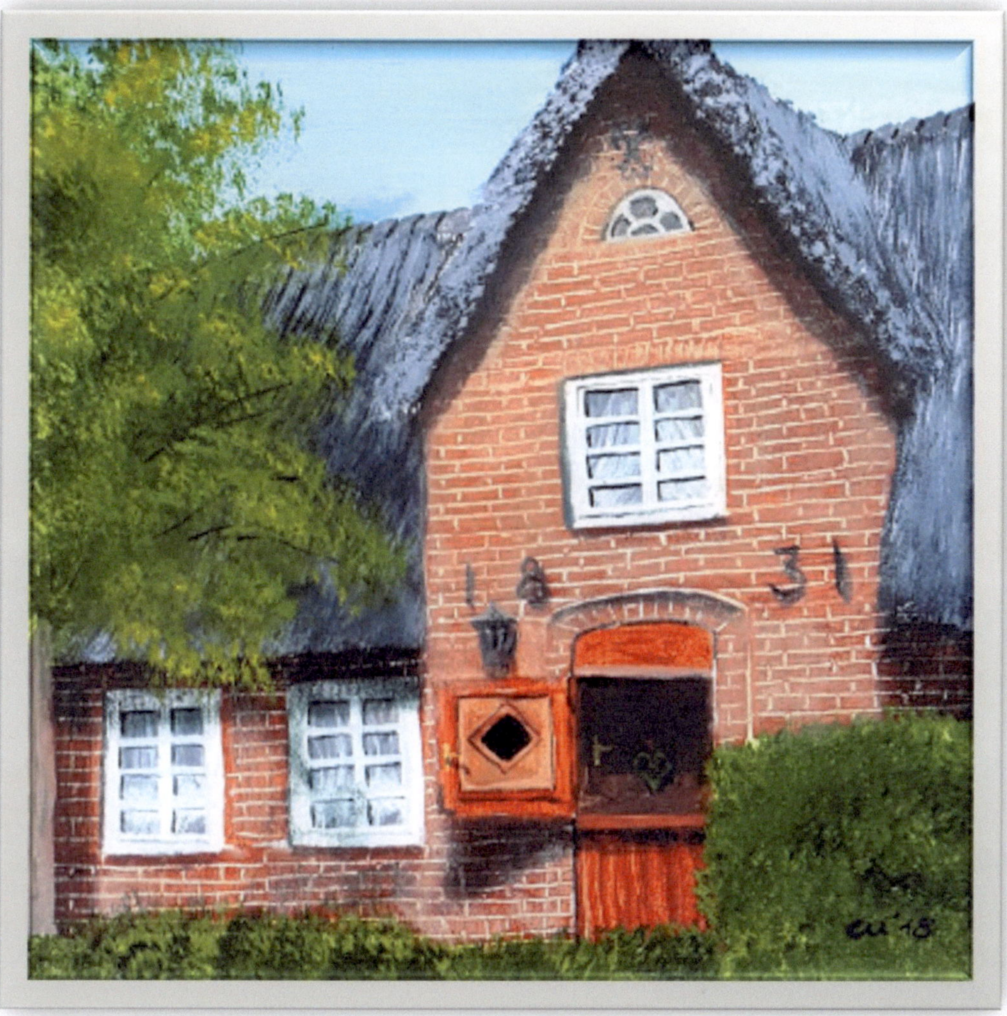

18 31

Morsumer Kliff

Das Morsumer Kliff liegt im Osten von Sylt und ist ein Naturschutzgebiet. Die Gesteinsschichten sind hier durch Verschiebungen gestaucht und schräg aufgestellt, sie liegen also jetzt <u>nebeneinander</u> und nicht, wie man meinen sollte, übereinander.

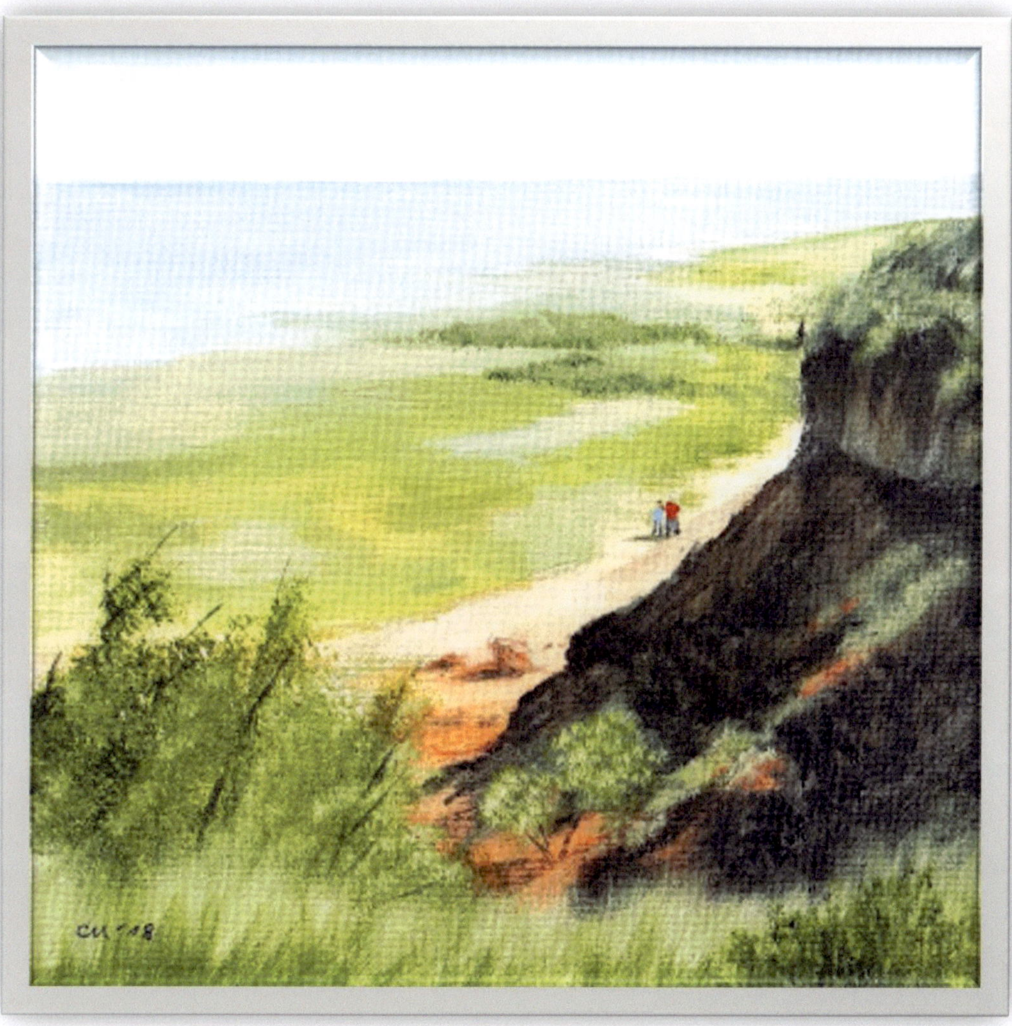

RANTUM

14.5.2018

Absolut wetterfester Wegweiser

in Rantum!

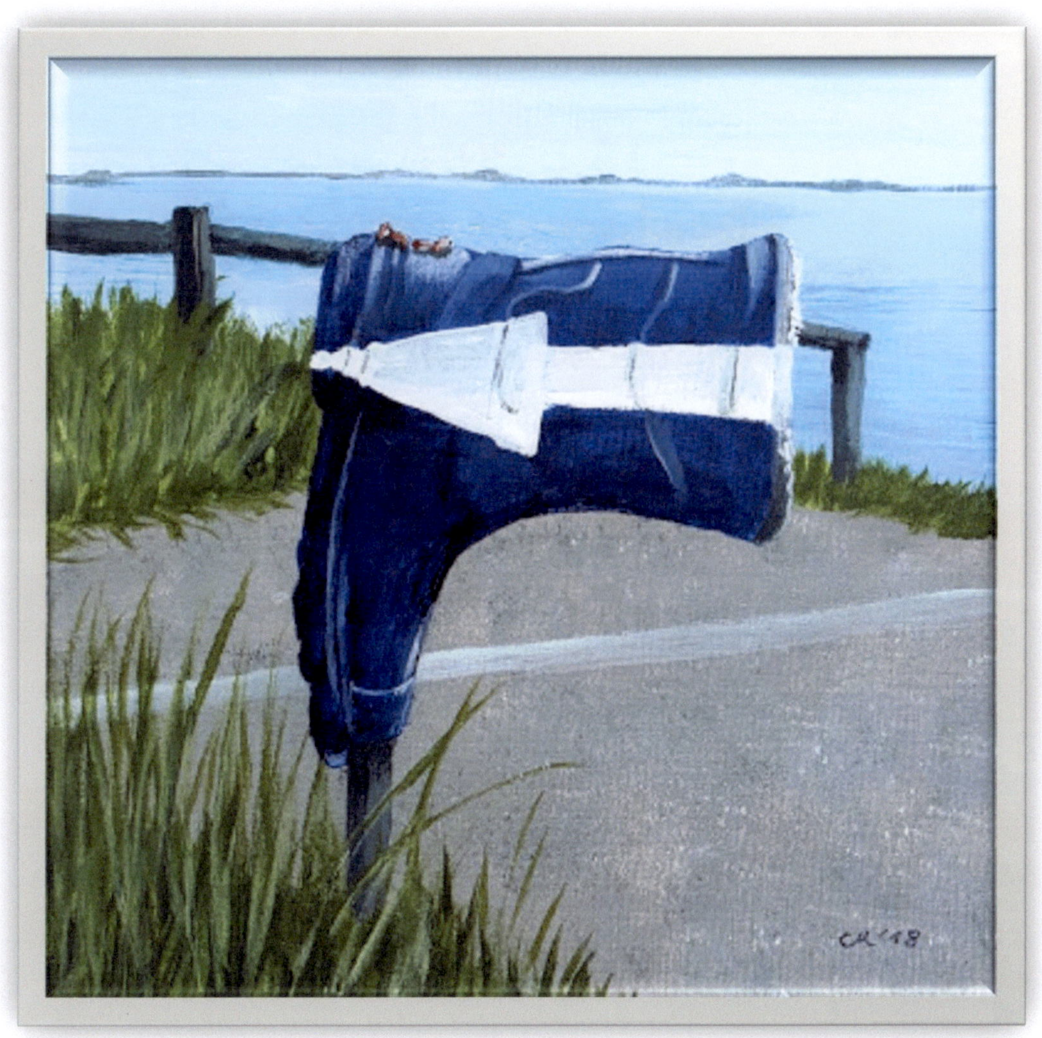

18.5.2018
Deichschafe 🐑🐑🐑

Eins von den vielen Exemplaren am Deich
des Rantumer Beckens verlor
- vor unseren Augen -
beim Aufstehen des Gleichgewicht und kugelte
den Deichabhang hinunter.
Nach einer Drehung wieder in Liegeposition
fraß es seelenruhig weiter,
so, als wenn nichts geschehen wäre.

Cool. 🐑

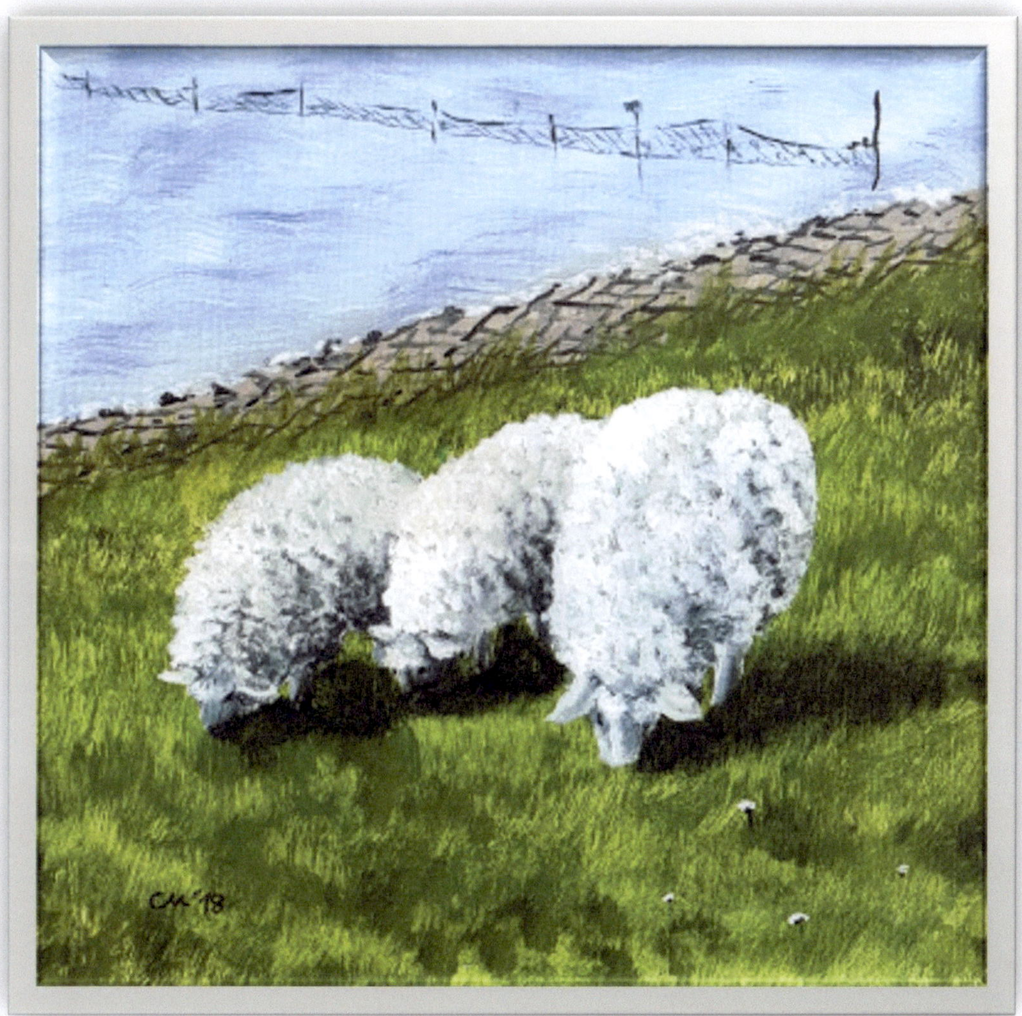

HÖRNUM

19.5.2018

Der Leuchtturm von Hörnum

Der Leuchtturm steht auf einem Berg, nämlich
auf einer 16 m hohen Düne.
Das ist für Sylt schon beachtlich.
Der Turm selber ist noch einmal 34 m hoch.
Im Leuchtturm war einmal die kleinste Schule
Deutschlands, die Kinder
- und auch der bedauernswerte Lehrer (!) -
mussten bis zum weißen Ring klettern.

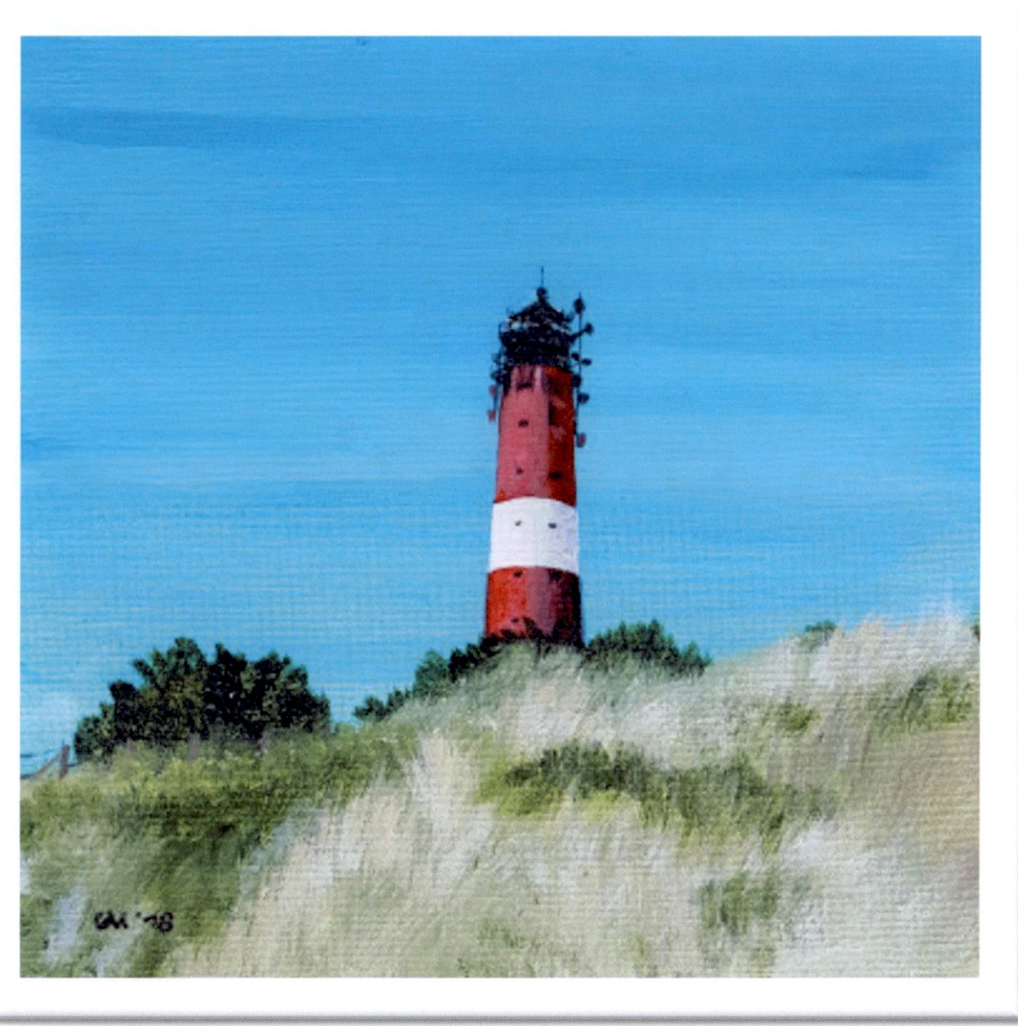

20.5.2018

Der Leuchtturm in Hörnum in

'GROSS'

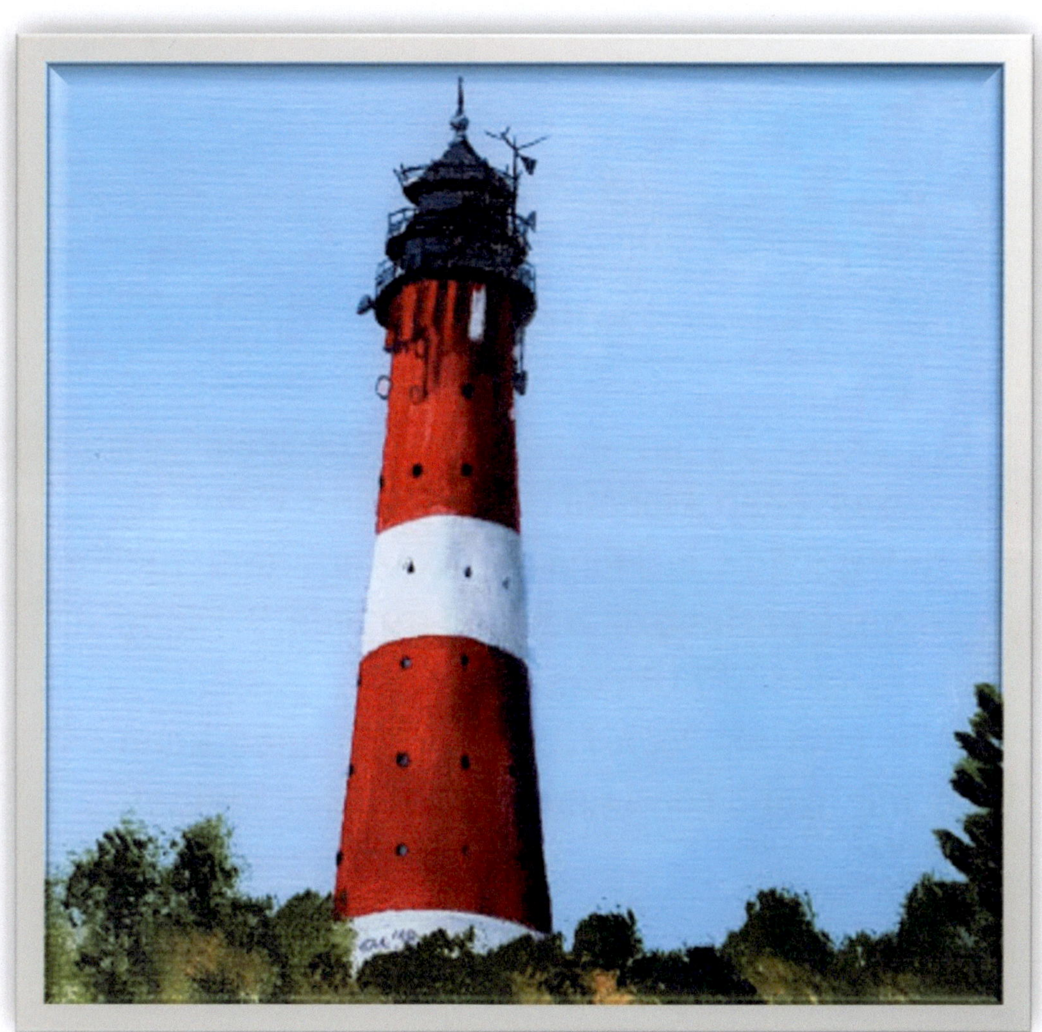

16.7.2018

Adler IV

Die Adler IV ist eine Fähre für Touristen
zwischen Hörnum / Sylt und Föhr.
Sie hat gerade in Hörnum abgelegt und tuckert
am Strand entlang - bewundert von 3 Kindern -
ihrem Ziel zu.
Wie man ein Schiff 'Adler' nennen kann,
wird mir wohl für immer ein Rätsel bleiben......

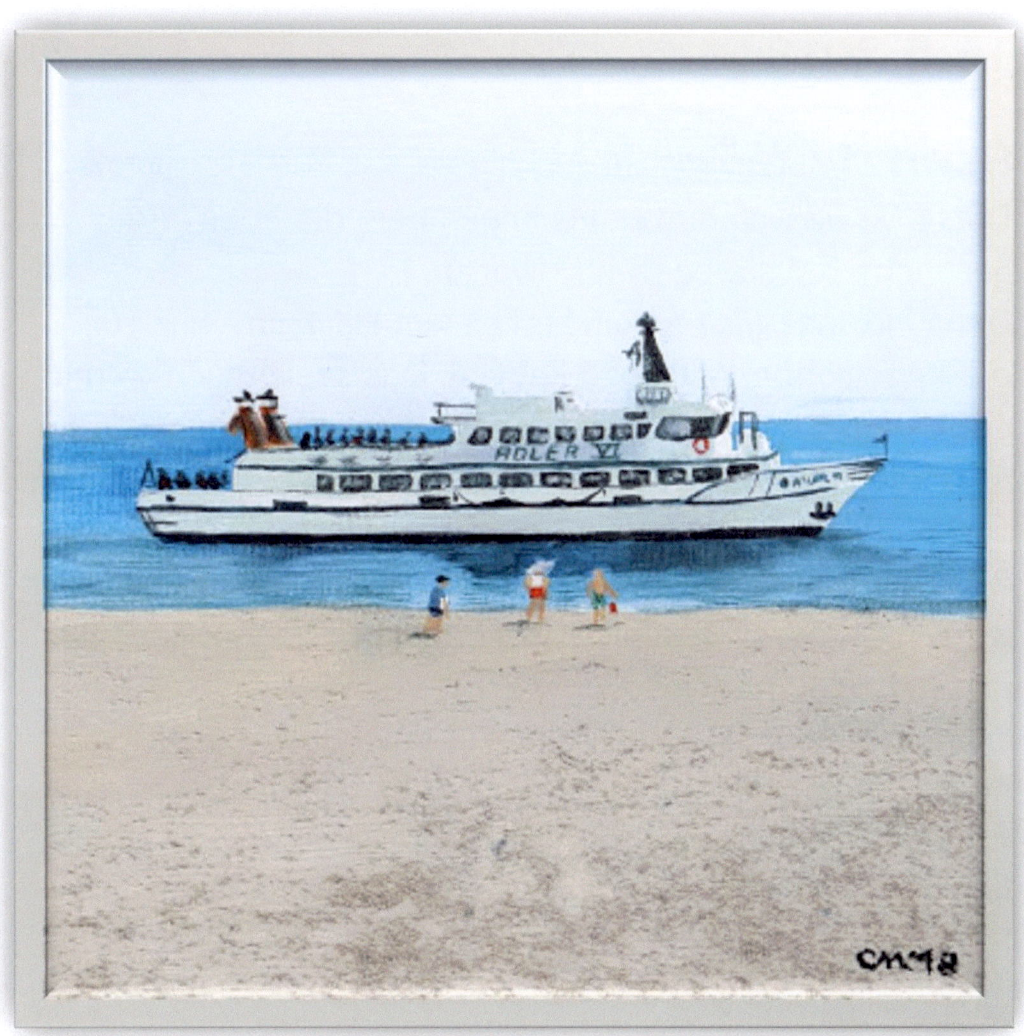

ADLER VI

16.5.2018

Gewitzte Möwe

Diese Möwe war hinter Heringen her, die aber leider gar nicht für sie bestimmt waren.

Denn Heringe gibt es am Hafen von Hörnum - nur für die Kegelrobbe Willi - zu kaufen. Das steht auch extra auf einem Schild an einem Fischbrötchen-Imbiss. Wenn aber die Möwe sieht, dass sich wieder ein edler Spender für Willis Mahl gefunden hat, fliegt sie schnell auf den Pfahl am Hafenbecken und wartet auf Heringe, die zu weit ins Wasser geschleudert werden. Die erwischt sie im Flug. Willi hat das Nachsehen.

Doch im Gegensatz zu Willis Auftauchen wird die meisterhafte Flugleistung der Möwe von den Menschen nicht mit Jubelrufen, sondern mit einem verärgerten:'Oooaaaaah!' quittiert.

So ungerecht ist das Leben.

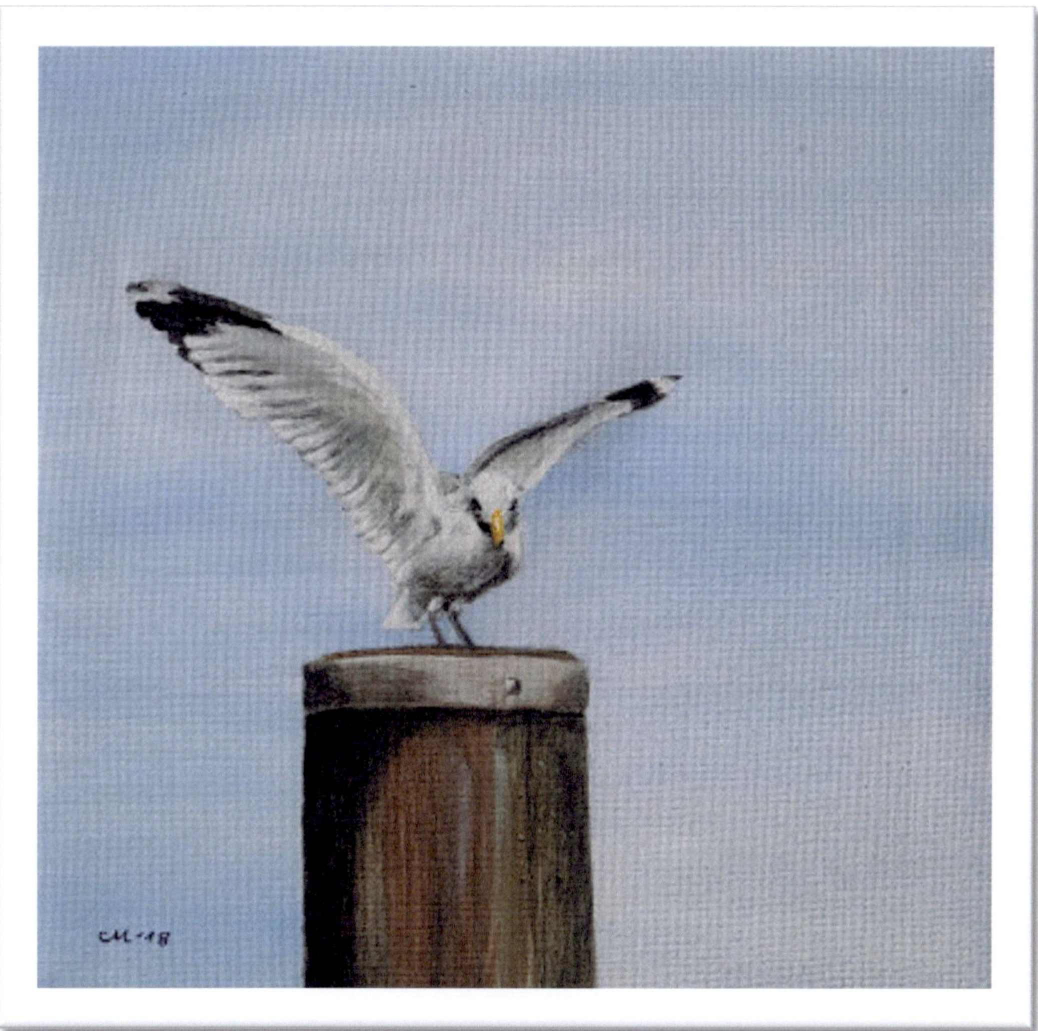

6.6.2018

Schweres Leid durch Ungerechtigkeit - geschehen in Hörnum

Die Menschen sind schlecht
und ungerecht.
Dem Willi werfen sie die Fische direkt ins Maul,
dabei ist diese Robbe stinkendfaul.
Ich dagegen fange die Fische im Flug,
doch das ist diesen Ignoranten nicht genug.
Soll ich noch 'nen Salto schlagen?
Oder ein kleines Tänzchen wagen?
Vielleicht jubeln sie dann auch bei mir
und nicht nur bei diesem Robbentier!
von J.W.von Goethe

- ehrlich und kein bisschen gelogen- ☺

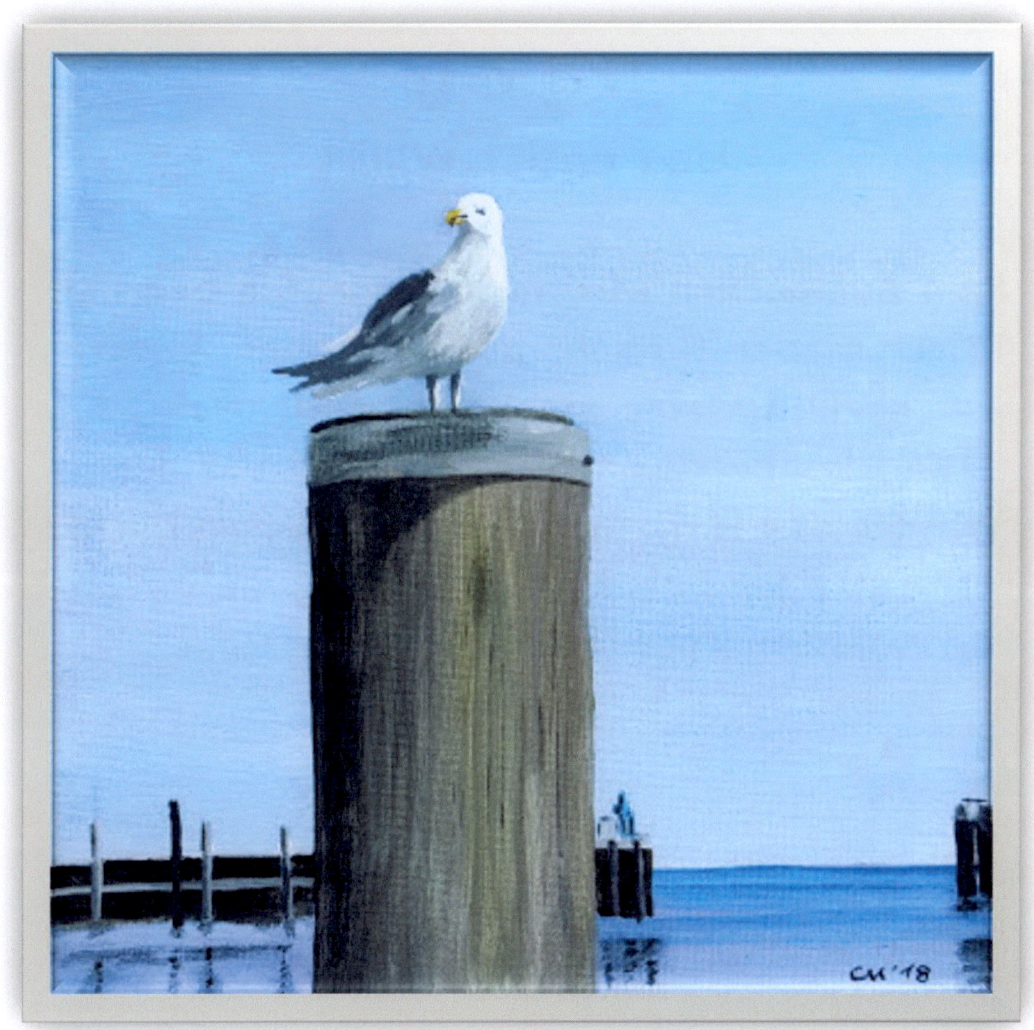

CM'18

17.5.2018
Und da ist Willi !

Sein Auftauchen wird mit Jubelrufen begrüßt,
immer wieder flutscht ein Hering ins Wasser.
Willi ist eine stark übergewichtige
Kegelrobbendame, die charmant aus dem
Wasser des Hafenbeckens von Hörnum blickt.
Ihr einziger Feind ist die Möwe, die ihr ab
und zu einen Hering vor der Nase
wegschnappt.

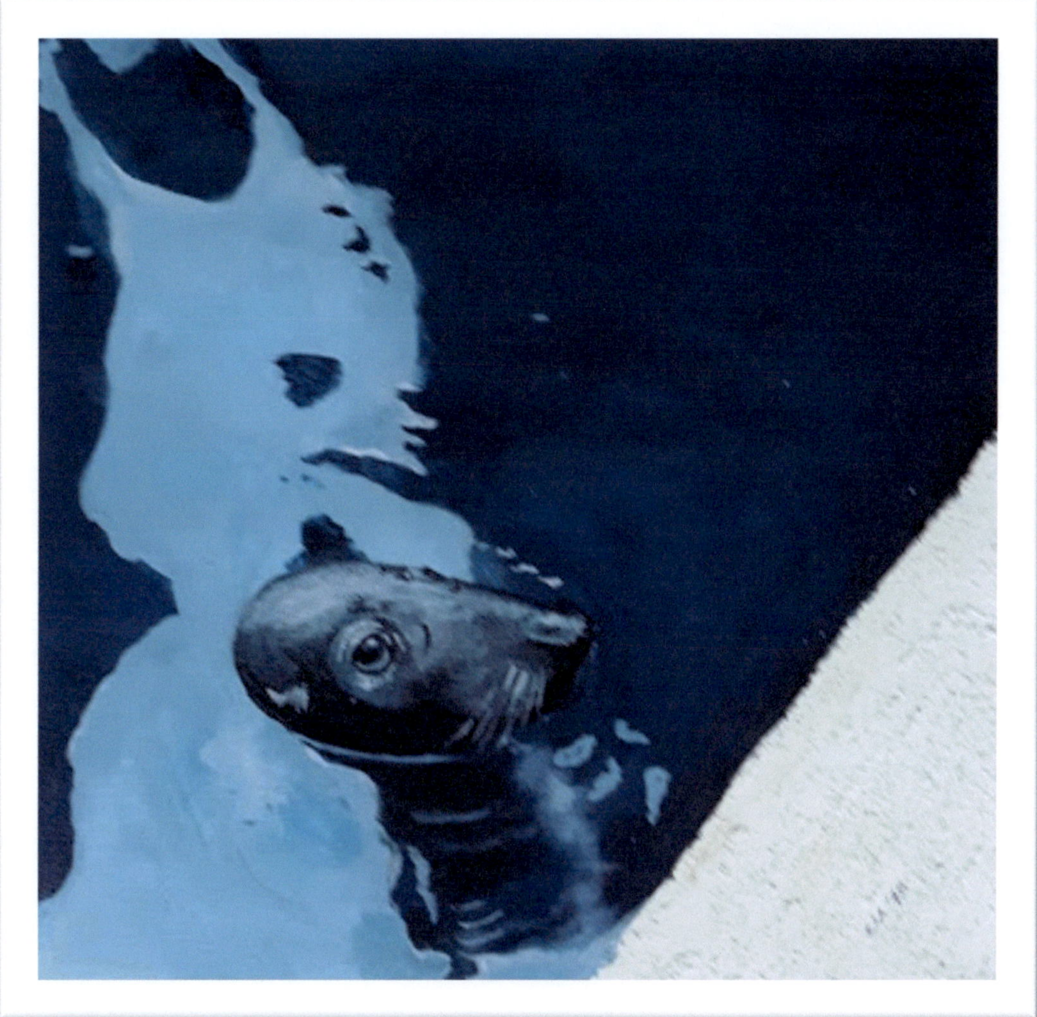

Diese Bücher sind bereits bei Books-on-Demand erschienen:

- Uropas Sicht der Dinge

- Mick Maus baut ein Haus

- Clara juckelt durch Europa

- Ein Mops lief in die Kirche

- „O nee, nä!", sagte Anton, der Maulwurf

- Wolli Wollkäfer und seine Bande

- Zurück in Bochum

- Ist 's Mäuschen zu Haus?

- Fritzis Bochum

- Stippvisiten bei Fritzi

- Fritzis Advent

- Lebensbilder

- Mathilde, die mathematisch begabte Schnecke

- Die wirklich und wahrhaftige Geschichte, wie die
  Kirche von Eppendorf zu 4 Kanonenkugeln kam

- Bilderbuch 1
  Flora und Fauna

- Bilderbuch 2
  Kinder und andere nette Leute

- Bilderbuch 3
  Von Uelsen bis nach Ootmarsum

- Bilderbuch 4
  Von Garrey bis nach Wittenberg

Die Serie soll fortgesetzt werden.

Alle Bücher sind im Buchhandel, im Versandbuchhandel und beim Verlag BoD erhältlich.
Inzwischen gibt es auch fast alle Bücher als E-Books.